穿越百年中国梦

吕章申题

国家出版基金项目
NATIONAL PUBLICATION FOUNDATION

顾　问：吕章申
主　编：陈履生
副主编：白云涛

穿越百年中国梦

开天辟地

写给孩子的党史学习教育读本

陈　莉◎著

SPM
南方出版传媒
新世纪出版社
·广州·

图书在版编目（CIP）数据

开天辟地 / 陈莉著 . — 广州 : 新世纪出版社，2017.12
（2021.12 重印）
（穿越百年中国梦 / 陈履生主编）
ISBN 978-7-5583-0998-4

Ⅰ . ①开…　Ⅱ . ①陈…　Ⅲ . ①中国共产党—党史—少年读物　Ⅳ . ① D23-49

中国版本图书馆 CIP 数据核字（2017）第 296902 号

出 版 人：陈少波　　策　　划：宁　伟
责任编辑：吴玉珺　　特约编辑：耿　谦
排版设计：大有图文　　责任校对：陈　雪

开天辟地　KAITIAN PIDI
陈　莉 / 著

出版发行：新世纪出版社
（广州市大沙头四马路 10 号）
经　　销：全国新华书店
印　　刷：天津画中画印刷有限公司
规　　格：880mm × 1230mm　1/32
印　　张：4
字　　数：58 千字
版　　次：2017 年 12 月第 1 版
印　　次：2021 年 12 月第 5 次印刷
书　　号：ISBN 978-7-5583-0998-4
定　　价：22.50 元

北京广版新世纪文化传媒有限公司
销售热线：010-65545429
［书中图片由中国国家博物馆提供］

扫码体验
VR融媒党史云课堂
党史学习就在我身边

目　录

contents

《穿越百年中国梦》总序

2012年11月29日，党的十八大闭幕刚刚半个月，习近平总书记率领新一届中央政治局常委和中央书记处的同志，来到中国国家博物馆参观《复兴之路》基本陈列。

那天上午，习总书记一行轻车简从，9时许来到国家博物馆，进入《复兴之路》展厅参观。一件件实物，一幅幅照片，一张张图表，一段段视频，把我们带回到近代以来跌宕起伏、波澜壮阔的难忘岁月。在19世纪末列强割占领土、设立租借地、划分势力范围示意图前，在鸦片战争期间虎门抗英的大炮前，在反映辛亥革命的文物和照片前，在《共产党宣言》第一个中文全译本前，在中华人民共和国第一面五星红旗前，在党的十一届三中全会照片前，习总书记不时停下脚步，认真观看，详细询问相关历史背景和文物情况。

在参观期间，习总书记发表了重要讲话。他说:《复兴之路》这个展览，回顾了中华民族的昨天，展示了中华民族的今天，宣示了中华民族的明天。中华民族的昨天，正可谓“雄关

漫道真如铁”。近代以后，中华民族遭受的苦难之重，付出的牺牲之大，在世界历史上都是罕见的。但是，中国人民从不屈服，不断奋起抗争，终于掌握了自己的命运，开始了建设自己国家的伟大进程，充分展示了以爱国主义为核心的伟大民族精神。中华民族的今天，正可谓“人间正道是沧桑”。改革开放以来，我们总结历史经验，不断艰辛探索，终于找到了实现中华民族伟大复兴的正确道路，取得了举世瞩目的成就。中华民族的明天，可以说是“长风破浪会有时”。经过鸦片战争以来170多年的持续奋斗，中华民族伟大复兴展现出光明的前景。现在，我们比历史上任何时期都更接近中华民族伟大复兴的目标，比历史上任何时期都更有信心、有能力实现这个目标。讲到这里，总书记环顾大家，深情阐述“中国梦”。他说：“现在大家都在讨论中国梦，何谓中国梦？我以为，实现中华民族的伟大复兴，就是中华民族近代以来最伟大的中国梦。这个梦想，凝聚了几代中国人的夙愿，体现了中华民族和中国人民的

整体利益，是每一个中华儿女的共同期盼。实现中华民族伟大复兴是一项光荣而艰巨的事业，需要一代又一代中国人共同为之努力。我坚信，到中国共产党成立一百年时全面建成小康社会的目标一定能实现，到新中国成立一百年时建成富强民主文明和谐的社会主义现代化国家的目标一定能实现。我更坚信，中华民族伟大复兴的梦想一定能实现！”

我有幸全程陪同习总书记参观，为总书记一行讲解展览，并现场聆听习总书记关于“中国梦”的重要讲话，感受颇深，终生难忘。习总书记提出实现中华民族伟大复兴的“中国梦”，是时代的最强音，凝聚了全球中华儿女的心，成为激励中华儿女团结奋进，实现中华民族伟大复兴的一面精神旗帜。

《复兴之路》基本陈列回顾了1840年鸦片战争以来一百多年间，陷入半殖民地半封建社会深渊的中国各阶层人民，在屈辱和苦难中奋起抗争，为实现民族复兴进行的种种探索，特别是中国共产党领导各族人民争取民族独立、人民解放、国家富强、人民幸福的光辉历程。习总书记参观《复兴之路》并提出实现中华民族伟大复兴的中国梦命题后，中央国家机关、部队、企事业单位、社区街道、社会团体、学校等纷纷来到中国国家博物馆，沿着习总书记的足迹，参观《复兴之路》展览。《复兴之路》展览成为爱国主义教育的重要课堂。

2014年，习总书记在有关讲话和批示中指出，历史是最

好的教科书，博物馆要让文物活起来，让文物说话，把历史智慧告诉人们，激发民族自豪感，坚定全体人民振兴中华、实现中国梦的信心和决心。中国国家博物馆和广东新世纪出版社有限公司落实习总书记的指示，以《复兴之路》基本陈列为基础，经过三年多艰苦工作，编写和出版了这套《穿越百年中国梦》丛书。组织和参与编写这套丛书的同志，大多数参加了《复兴之路》内容设计和布展工作，有的还现场聆听了习总书记关于“中国梦”的重要讲话。他们对《复兴之路》基本陈列不但理解深刻，而且怀有深厚感情。

习总书记指出：中国梦归根到底是人民的梦。有梦想，有机会，有奋斗，一切美好的东西都能够创造出来。习总书记希望广大青少年要勇敢肩负起时代赋予的重任，志存高远，脚踏实地，努力在实现中华民族伟大复兴的中国梦的生动实践中放飞青春梦想。

我相信，在中国共产党即将迎来百年华诞这个重大历史时刻，这套丛书的重印出版，对广大青少年牢记习总书记“不忘初心”的嘱托，更好地开展党史学习教育，增强实现中华民族伟大复兴中国梦的责任感，一定会起到促进作用。

吕章申

前　言

中国现代史学会会长　郭德宏

中华民族是一个有着自己梦想，特别是美好社会理想的民族。

两千多年前，我们的古圣先贤，就有“小康”和“大同”的社会理想。那时的“小康”理想，就是家家丰衣足食，人人遵守礼仪，互相谦让。那时的“大同”理想，就是天下人如同一家人，家家幸福，人人愉快，“路不拾遗，夜不闭户”。由于历代封建统治者都不代表广大的人民群众利益，古圣先贤的“小康”和“大同”社会理想都没有实现。

勤劳智慧的中国人民，创造了光辉灿烂的古代文明：强盛的汉代，繁荣的唐代，辽阔的元代，清初的盛世。那时，与世界上其他大多数国家和地区相比，中国富饶、强盛、文明、进步。用现代语言表述，那时的中国是“发达国家”，其他那些国家和地区则是“发展中国家”。然而，由于帝国主义入侵和封建主义统治腐败，中国落后了。从 1840 年鸦片战争中国战败到 19 世纪末，中国逐渐沦为半殖民地半封建社会，陷入将要亡国灭种的深渊。

从 1840 年鸦片战争开始，当时一些思想先进的中国人就寻求救国救民之道。林则徐、魏源开眼看世界，地主阶级的洋务运动，资产阶级维新派的戊戌变法，都试图在不根本触动封建统治的前提下富国强兵，但是都失败了。1894 年孙中山创立革命团体兴中会，首次提出“振兴中华”口号。1902年康有为完成《大同书》的写作，期望中国实现古圣先贤所憧憬的大同世界。1902年梁启超发表《新中国未来记》，1904年蔡元培发表《新年梦》，都憧憬中华复兴，雄立世界。近代以来，每一个中国人都满怀着复兴中国、振兴中华的梦想。但在半殖民地半封建社会的旧中国，中国人民的这一梦想不但没有实现，反而遭受着越来越严重的民族苦难。

1921年，伟大的中国共产党成立，超越古圣先贤“小康”和“大同”的社会理想，提出了夺取反帝反封建胜利、建立人民当家做主政权、最终实现人类最美好最理想的共产主义社会的奋斗目标。中国共产党肩负起民族独立、人民解放的历史重任，领导中国人民，经过浴血奋战，于1949年建立了人民当家做主的中华人民共和国。新中国成立，是中华民族由衰落走向强盛的历史转折点，开启了中华民族伟大复兴的新纪元。

中华人民共和国成立后，毛泽东、周恩来等老一辈革命家，领导全国各族人民为实现国家富强、人民共同富裕的新的历史任务而奋斗。在党的领导下，中国确立了社会主义基本制度，成功实现中国历史上最伟大最深刻的社会变革，为中华民族的伟大复兴奠定了制度基础。与此同时，中国共产党领导全国人民进行大规模经济建设和文化建设，取得了旧中国几百年几千年所没有取得的成就，为实现中华民族伟大复兴奠定了基本的物质基础。

1978年改革开放以来，以邓小平、江泽民、胡锦涛同志为主要代表的中国共产党人，全面推进社会主义现代化建设。神州大地，生机勃发。2010 年，中国 GDP（国内生产总值）上升至 34 万亿元人民币，成为仅次于美国的世界第二大经济体，并一直保持至今。伴随着各方面的迅猛发展，中国迅速走向繁荣，国际地位不断提高，国际影响日益扩大。中国步入世界强国之列，为实现中华民族伟大复兴创造了现实条件。

2012 年 11 月 29 日，习近平总书记率领新一届中央政治局常委和中央书记处的同志参观中国国家博物馆《复兴之路》基本陈列。习总书记在这里向全世界宣示“中国梦”，重申“两个一百年奋斗目标”，既是中国共产党对全国人民的郑重承诺，是党和国家面向未来的政治宣言，也是中华民族伟大复兴的总动员。中国的伟大发展，又一次站在新的历史起点上；中华民族的伟大复兴，揭开了历史新篇章。

以习近平同志为核心的党中央，“不负重托，不辱使命”，在实现中华民族伟大复兴中国梦的推动下，国民经济继续稳步发展，中国的国际地位更加提高，国际影响力更加扩大。我们现在比历史上的任何时期都更加接近中华民族伟大复兴这个目标，我们现在比历史上任何时期都有信心、有能力实现这个目标。

中国梦连接着过去与现在、历史与未来，连接着国家与个人、中国与世界。拥有五千多年文明历史的中华民族，曾经创造了辉煌的古代文明，走在世界前列，为人类社会发展做出了巨大的贡献。今天，中华民族的伟大复兴，不仅造福中国人民，而且造福世界人民。已经步入世界发展中大国的中国，理应承担起大国责任，对人类社会的发展进步，做出更大的贡献。

《穿越百年中国梦》丛书回顾了 1840 年鸦片战争以来一百多年间，陷入半殖民地半封建社会深渊的中国各阶层人民，在屈辱和苦难中奋起抗争，为实现民族复兴进行的种种探索，特别是回顾了中国共产党领导全国各族人民争取民族独立、人民解放、国家富强、人民幸福的光辉历程。这套丛书深刻揭示了历史和人民为什么和怎样选择了马克思主义，选择了中国共产党，选择了社会主义道路，选择了改革开放；深刻揭示了历史和人民为什么必须始终坚持高举中国特色社会主义伟大旗帜不动摇，坚持中国特色社会主义道路不动摇；昭示出没有共产党就没有新中国，就没有中国特色社会主义，只有社会主义才能救中国，只有改革开放才能发展中国、发展社会主义、发展马克思主义。

我相信，这套丛书的出版，能够使广大青少年读者更加深入地了解中华民族近代以来反对外来侵略史、人民解放的抗争史，了解中国共产党领导全国各族人民为中华民族伟大复兴而奋斗的创业史和改革开放史，为实现国家富强、民族振兴、人民幸福的中华民族伟大复兴的中国梦，夺取新时代中国特色社会主义伟大胜利，提供令人振奋的精神动力。

郭德宏

帝国主义不断入侵，打破了中国人学习西方的美梦。俄国十月革命一声炮响，给中国送来了马克思主义。五四运动推动了马克思主义在中国不断传播，中国工人

阶级作为一支独立的政治力量开始登上历史舞台。在陈独秀、李大钊等人的共同努力下，中国共产党适时成立，中国革命的面貌从此焕然一新。

I

第一章

掀起五四浪潮

1. 巴黎和会——列强分赃大会

1918 年 11 月 28 日一早，在雄壮的军乐声中，一支军队雄赳赳、气昂昂地排列在北京故宫太和殿前的广场上，等待检阅。殿前的高坛上，站满了身穿华贵礼服的北洋政府官员和各国驻华公使。少顷，大总统徐世昌主持了盛大的阅兵典礼，庆祝中国以战胜国的身份迎来了历时 4 年的第一次世界大战的胜利。中国成为战胜国，全国人民都为此欢呼雀跃，盼望能够借此一举改变中国持续了几十年的屈辱史，改变中国半殖民地国家的耻辱地位。特别是当美国总统威尔逊提出“十四点原则”，保证美国会把最弱国的利益和最强国的利益同等看待，保护各国利益神圣不受侵犯时，一直饱受列强压迫的中国人民，从政府部门到学界代表，再至普通民众，都很振奋，都在高呼“公理战胜，强权失败”。

1919年1月18日至6月28日，第一次世界大战的27个战胜国在法国巴黎近郊的凡尔赛宫召开了和平会议。北洋政府特意派出了以外交部长陆徵祥、驻美公使顾维钧、驻英公使施肇基、驻比利时公使魏宸组（后为伍朝枢接替）、南方军政府代表王正廷为首的63人的代表团，以胜利者的姿态，满怀期待地去参会，打算通过会议收回战败国德国在中国山东强占的权益，甚至希望能全盘废除中国与各列强签订的各种不平等条约。

然而，当时的世界还停留在绝对的丛林时代，世界秩序还严格恪守着弱肉强食的丛林法则，所谓的“巴黎和会”，无非是重新瓜分殖民地的分赃大会，连参会代表席位都是按照国家实力区分的：一等强国美、英、法、意、日，各有5个参会代表席位，二等国家降为3个，最末一等的国家只有2个代表名额。

中国，就被屈辱地划分为末等国家，只有2个席位，发言权极其有限。而作为五强之一的日本，它在一战中，只基于其侵略本性打了一仗，那就是驱离了盘踞在中国青岛和胶济铁路沿线的德国人并取而代之。但是，日本人参加巴黎和会的目标却是要把它抢占的原德国在中国山东的利益“合法”化。

在这样不利的局势下，北洋政府的外交代表们依然希望能够依靠欧美势力，通过“以夷制夷”的外交手段，收回山东主权。在会议发言中，顾维钧公使慷慨陈词，以战争现实和国际法为依据，有力地驳斥了日本的无理

1919年1月18日，第一次世界大战的战胜国在巴黎凡尔赛宫召开和平会议，图为巴黎和会会场

历史掌故

中国与第一次世界大战

第一次世界大战（简称一战）是一场于1914年7月28日至1918年11月11日间，主要发生在欧洲但波及全世界的世界大战。中国参加一战，既有被裹挟的成分——毕竟当时中国是半殖民地国家；也有主动的成分——北洋政府希望能够在欧战中大显身手，洗刷长久以来的屈辱，赢得战后的国际地位。不过中国并没有直接派兵参战，而是派出了大量劳工（近14万人），赴欧洲为盟国军队挖战壕、搞后勤、修铁路，或者在后方当船员、在军工厂生产武器等。同时，还有数百名中国学生以志愿者的身份从事相关翻译工作。炮击、空袭和疾病夺走了很多人的生命，仅埋葬在欧洲华工公墓中就有近2 000名中国同胞。但战争结束后，中国得到的却仅仅是从德国收回了一些德军1900年从北京夺走的明代天文仪器，德国在中国的殖民地掌控权则被列强交给了日本，中国人民异常愤怒，学生运动一触即发。

要求，并深情阐述道：山东是中华文明的摇篮，是孔子和孟子的故乡，是中国的圣地，让外国统治山东，就像在中国的心脏插上一把尖刀。顾维钧的发言博得了与会代表的肯定和赞扬，但那是个不讲理只讲实力的世界，与国力强盛且赢得了大胜的列强相比，落后的中国所发出的声音根本无法左右局势。

在巴黎和会上，美国为了与日本争夺利益，对中国收回山东权益的问题一直表示支持。美国先是提出将德国在中国山东的权益交由巴黎和会暂时接管，待山东重开商埠后再归还中国，在被日本拒绝后，又提出将山东权益交五国（英、法、意、美、日）共管，仍遭到日本反对。此时，意大利又因不满利益划分而退出了和会。这样一来，日本更加有恃无恐，也态度强硬地以退出和会为要挟。美国为使和会免遭破产，加之其既得利益并不受损失，最终选择了牺牲中国、满足日本。

1919 年 4 月 22 日，巴黎和会召开全体大会，事先已经在幕后谈妥了利益分割的列强们终于彻底抛弃了中国，而在会前高喊“十四条”的美国总统威尔逊也不过是耸耸肩、摊摊手，在对中国代表团表示无能为力后，就会同英国首相、法国总理毅然决然地将德国在中国山东的所有利益转让给了日本，这项决定被写进《凡尔赛和约》第 156、157、158 条中。

历史掌故

“公理战胜”牌坊

1900年，八国联军侵华。是年6月2日晨，德国公使克林德因清政府要求各参战国外交人员限期离京一事，乘轿前往总理衙门抗议。当他行至总布胡同西口（东单北大街）时，不服巡逻盘查并率先开枪，向清兵挑衅，神机营章京恩海还击，当场将克林德击毙。八国联军占领北京后，恩海被捕并被德国侵略军枪杀于总布胡同西口。1902年9月，战败的清政府被迫与11个帝国主义国家签订了丧权辱国的《辛丑条约》，条约第一条就要求清政府在克林德被击毙处修建克林德碑以作纪念，此碑成了中国人民屈辱历史的见证。1918年德国在第一次世界大战中战败，北京人民在欢庆一战胜利时将克林德碑捣毁。1919年北洋政府要求德国将堆放在东单北大街的克林德纪念碑散件运至中央公园（今中山公园），重新组装竖立，铲除原有文字，另镌刻“公理战胜”四字，作为中国参与第一次世界大战胜利的纪念。1952年10月，亚太地区和平会议在北京召开，为表示与会国家保卫世界和平的愿望，大会决定将中山公园内的“公理战胜”牌坊改名为“保卫和平”牌坊。郭沫若为牌坊题写了“保卫和平”四个大字。

弱国无外交，这一真理在巴黎和会上被无情的现实再次证明，作为战胜国的中国，在巴黎和会这个所谓的国际和平会议上得到的依然是屈辱。

2.“外争主权，内惩国贼”

“德国在山东的权益转让给了日本！”这一惊人消息，将对巴黎和会抱有巨大期待的中国人的希望炸得灰飞烟灭。一时间，“胶州亡矣！山东亡矣！国不国矣！”的痛呼声震耳欲聋。

值此全国上下群情激愤的时刻——1919 年 5 月 2 日，北京大学校长蔡元培先生，又从国民外交协会理事汪大燮处获悉，北洋政府国务院竟然密电参会的中国代表在丧权辱国的《凡尔赛和约》上签字！

蔡元培迅速赶回学校，将消息告诉了北大学生许德珩、傅斯年、罗家伦、段锡朋、康白情等人，鼓励他们行动起来。当天下午，许德珩等人就约集北京各校代表，召开紧急会议，通知于 5 月 3 日晚 7 时，在北大法科大礼堂召开全体学生大会，同时约请北京的清华大学、中国大学等 13 个中等以上学校的学生代表参加。

会议通知公布后，很多学生都彻夜未眠。事实让大家明白了，所谓维持国际公理的威尔逊总统、所谓保护国家的北洋政府，以及无知的同胞大众都是无法依靠的，这一次必须亲自上阵争取、战斗。

1919年5月3日晚上7点，学生大会正式开始。1 000多名热血青年在北大法科大礼堂集会，他们决意挺身而出，为救亡图存而奋起抗争。谢绍敏同学说到激动处，当场噬破中指，在一块白手巾上写下“还我青岛”4个血淋淋的大字。

会议一直开到晚上11点多，最终决定于第二天到天安门举行学界大示威，要把白旗送到在对日外交中负有直接责任的曹汝霖、陆宗舆、章宗祥家中。北大国民社和新潮社还起草了文言和白话文游行宣言，高呼：“外争主权，内惩国贼！”“中国的土地可以征服而不可以断送！中国的人民可以杀戮而不可以低头！”

5月初的北京，虽然刚刚入夏，但中午的气温已经有些燥热了。不过，在民族危亡关头，青年们的爱国热情比骄阳还要炙热。4日下午3点，北京十几所学校的

1919年5月4日，北京近3000名爱国学生在天安门前示威游行，反对帝国主义列强损害中国主权以及北洋军阀政府的卖国政策，五四爱国运动爆发

近3 000名学生从四面八方涌向天安门广场，人人手里都高举着白色的旗帜，上书“还我青岛”“头可断青岛不可失”“取消二十一条”“誓死不承认军事协定”“诛卖国贼曹汝霖陆宗舆章宗祥”等。

最惹人注目的是竖立在金水河南边用长方形白布书写的给卖国贼曹汝霖、章宗祥的挽联，而谢绍敏用鲜血写就的“还我青岛”4个大字也悬挂在天安门前，使整个会场气氛更为悲愤。

学生们在天安门集合后，马上整队出发，大家一路高呼口号，慷慨激昂，出中华门，直奔东交民巷使馆区，一些被学生们的热情鼓舞的市民也纷纷加入队伍中。

学生们原本是想去使馆区面见英、美、法、意公使，请他们将中国人民的真实意见转达到巴黎和会，以争取支持。但刚到东交民巷，就被警察所阻挡，双方相峙两个小时仍无法通过。中国还没有亡，中国人就不能在自己的国土上自由通行了？！这使得学生们更加义愤填膺，于是大家决定，前往赵家楼，去找帝国主义的走狗，签订卖国的“二十一条”的代表之一交通总长曹汝霖算账。

下午4点半，示威学生来到曹宅，见大门紧闭，门前由几十名警察守卫，无法入内。于是，学生们施展策略，三五人围住一个军警，向他们宣传爱国道理，另一些学生则趁乱翻墙冲入曹宅。

他们首先进入大厅，见厅内空无一人，学生们一怒之下，将墙上悬挂着的日本天皇像摘下来，摔到地上。学生们在曹府中没有找到躲藏在暗室的曹汝霖，却遇到了另一个卖国贼章宗祥，于是一拥而上，将其痛打一顿。激愤之中的学生们临走还泼上汽油，将曹府点火焚烧。这就是著名的“火烧赵家楼”。北洋政府随即出动军警镇压，共逮捕示威学生32名。

第二天，北京各大中专学校宣布实行总罢课，并通电各方请求援助，营救被捕学生。学生们在斗争中迅速联合起来，于6日成立了北京中等以上学校学生联合会，向北洋政府提出要求：直电巴黎和会，不承认“二十一条”，将山东、青岛（当时为德租借地）直接归还中国；致电中国出席巴黎和会代表，不得在和约上签字；免除曹、章等卖国贼的职务。学生们还呼吁社会各界一致联合，齐心协力“外争主权，内惩国贼”。学生们的爱国行动迅速传遍全国，北京、天津、上海等城市的学生和社会各界纷纷通电支持，强烈要求北洋政府迅速释放被捕学生。

面对北京学生的罢课、全国人民的声援，北洋政府不得不于5月7日释放了被捕学生，这是五四反帝爱国运动的一个胜利。但北洋政府对学生的政治要求置之不理，而且逼走了同情学生爱国行动的北大校长蔡元培，下令禁止学生干预政治，并扬言要严厉镇压学生的爱国运动。

北洋政府的种种逆行，进一步激怒了各阶层人民。经过多次酝酿，北京中等以上学校学生联合会于5月18日召开紧急会议，决定从19日起北京学生实行总罢

民國八年五月五日

新申報 號外

陰曆四月初六日

（每張銅元一枚）

今日各校學生游街後復趕曹汝霖家因阻止入內打破電燈曹宅焚燬學生數人被捕（四日專電）

章宗祥在曹宅受傷甚重（五日專電）

1919年5月5日，上海《新申报》为五四运动爆发印发的号外

课。到5月21日，罢课规模扩大到25 000人。5月22日下午，北洋政府教育部次长袁希涛来到北京大学，试图强迫学生们复课，但学生们不为所动，仍坚持惩办卖国贼的目的不达到，就绝不上课。不仅如此，学生们还纷纷走上街头，组织讲演团，进行提倡国货、抵制日货的爱国宣传。他们的影响面越来越大，使更多的人加入到了斗争中来。

五四爱国运动的汹涌声势，令日本帝国主义极其恐慌。日本驻华公使数次到北洋政府外交部提出“警告”和“紧急”照会，要求取缔中国人民的反日爱国运动，尤其是学生的爱国演讲和抵制日货的斗争。一向顺从于日本帝国主义的北洋政府，开始采取各种高压手段，对学生及各阶层人民进行镇压。

6月3日，北京学生在街头讲演时被北洋政府逮捕

历史掌故

三大卖国贼

1915年，袁世凯因急于复辟，为取得日本支持，命令时任外交总长陆征祥、外交次长曹汝霖、驻日全权公使陆宗舆同日本公使谈判，最终部分签订了丧权辱国的“二十一条”。在此基础上，1916年新任驻日特命全权公使章宗祥，与当时已成为交通总长的曹汝霖、前驻日公使陆宗舆勾结，在段祺瑞指使下，与日本政府秘密谈判，先后订立了出卖中国主权的《中日陆军共同防敌协定》和《中日海军共同防敌协定》。1917年9月，中日双方签订了济顺、高徐铁路抵押借款2 000万日元的合同，由于其中涉及山东问题，在合同签订前的9月24日，日本外务大臣照会驻日本公使章宗祥，要求中国同意日本驻兵济南、青岛，以及在经营和管理胶济路方面享有种种特权，也就是以此作为借款的条件。章宗祥接到照会后，当日就复照，表示“欣然同意”。这份“欣然同意”的换文就成为日后巴黎和会上日本拒不退还山东的借口。五四运动爆发后，曹汝霖、陆宗舆、章宗祥成为卖国贼的三大代表。爱国学生们高喊着“外争主权，内惩国贼”的口号，最终迫使北洋政府罢免了他们三人的职务。

178 人。次日，军警又拘禁学生 700 多人。但这种高压只能收到相反的效果，第三天上街演讲的学生达到 5 000 多人，社会影响更加扩大。

北京学生不屈不挠的爱国行动，迅速推动了全国范围内学生爱国运动的普遍展开。天津、上海、济南、长沙、武汉、南京、成都、苏州等大中城市及其他各地的学生，纷纷罢课、集会游行。法国、日本等地的中国留学生，也以各种形式响应和参加爱国运动，形成了声势浩大、规模空前的反帝爱国潮流。

3. 罢工、罢课、罢市

北洋政府对爱国青年进行的逮捕和镇压，不但没能压制住滚滚的爱国浪潮，反而进一步激怒了全国人民，掀起了更大的革命风暴。特别是上海人民，得知消息后，他们立即展开了史无前例的“三罢”斗争，要求惩办卖国贼，释放被捕学生。

上海是当时中国工商业最发达、工人阶级最集中的城市。粗略统计，1919 年我国工人阶级队伍有 200 多万人，其中上海工人数量将近总数的 1/4。这里的一举一动，都牵动着全国局势。当北京五四运动的消息传到上海后，上海学生首先行动了起来。各学校、各团体随之纷纷发表通电，谴责庇护卖国贼、镇压爱国行动的北洋政府。5 月 7 日，上海学生和各界人士 2 万多人在公共体育场集会，主张取消“二十一条”和中日一切密约，除非收回青岛，否则不得在巴黎和会上签字。

5 月 9 日，对中国人民来说是一个屈辱纪念日。4 年前的这一天，袁世凯部分接受了日本提出的“二十一条”并签字。为不忘国耻，上海各学校一律停课一天，上海书业、洋货业、糖业、五金业等工商业团体亦停业一天，并从即日起掀起了声势浩大的抵制日货行动。

为适应爱国运动的蓬勃发展，上海各界又先后成立了“国民大会事务所”“上海学生联合会”“上海救国十人团”等组织，领导爱国运动。

5 月 26 日，上海中等以上男女各校学生 2 万余人汇集到公共体育场，齐声宣读誓词：“吾人期合全国国民之能力，挽救危亡，死生以之，义不反顾”，然后举行总罢课。在罢课期间，各校学生组织纠察队，维持秩序；组织义勇队，进行军事训练；组织讲演团，从事爱国宣传活动。当 6 月 3 日北京学生大批被捕的消息传到上海后，上海学联当即通电全国，呼吁各界“主持公理，速起援救”。大批学生“分队向城内外并租界等处大小各商号内，跪地泣求商界一律罢市”。

1919 年 6 月，上海各界罢工、罢课、罢市，声援学生

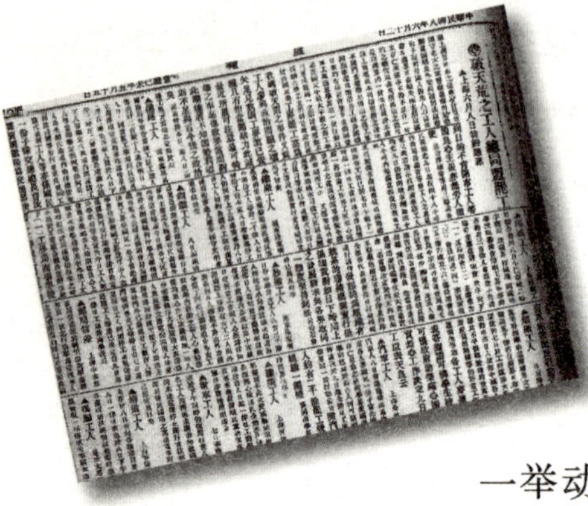

1919年6月12日，北京《晨报》关于上海工人罢工的报道

学生的行动遭到淞沪警察厅派出的巡警和保安队的镇压，这一举动激怒了上海各界人士，特别是工人阶级，大家自发站出来表示：“我们都是穷人，但我们绝对不要我们的国家（被日本占领）变成朝鲜第二，那里的景象惨不忍睹。”

6月5日上午，上海日资内外棉第三、第四、第五纱厂的工人首先罢工，揭开上海工人大罢工的序幕。下午，日华纱厂、上海纱厂、商务印书馆、中华书局工人一律罢工。接着，罢工继续扩大，法资求新机器厂、英资祥生铁厂、华资电车公司、华界自来水厂、美资慎昌洋行等各行各业工人也加入到罢工行列中来。求新机器厂的工人还捐出自己的血汗钱，修起一个高大牌坊，上写“勿忘国耻”4个大字。到6月10日，运动进入高潮，席卷纺织、造船、机器、印刷、烟草、火柴、造纸、铁路、海运、码头各个行业，罢工工厂遍及日商、英商、美商、法商以及不少华商企业，罢工工人有汽车司机、铁路员工、电话接线员、机器工、洗衣工、印刷工、马车夫、清道夫、理发师，以及广大的手工业工人和店员，投入大罢工的上海各业工人总数在10多万人。此外，上海电灯公司和自来水公司、小菜场也都纷纷酝酿罢工。工人阶级及其同盟军在这次伟大斗争中，给予帝国主义和封建势力的打击十分沉重。许多工厂机器停转，烟囱停止冒烟，上海水陆交通全部中断，码头运输陷于停顿，全市陷于瘫痪。中国的工人阶级，特别是产业工人，以如此巨大的规模参加反帝爱国的政治斗争，在中国历史上还是破天荒的第一次，它标志着一个新时代的开始。

在学生罢课、工人罢工的同时，上海商人也进行了罢市斗争。5日清晨，南市和城厢内外各大小商店首先罢市，停止营业。到午间，公共租界内各马路两侧的店铺十之八九也停业罢市。平日熙熙攘攘、人流不断的南京路上，从永安、先施两大公司到各门面商铺全都休业，并在门前悬挂“为国家，今罢市，救学生，除国贼”“万

历史掌故

陈独秀被捕

五四运动爆发后，作为新文化运动的倡导者，陈独秀积极投身其中。1919 年 6 月 9 日，刚刚辞去北大教授一职的陈独秀，亲自起草并印发了《北京市民宣言》，其中有“对日外交，不抛弃山东经济上之权利，取消密约；免除曹、章五人职务；市民有绝对集会言论自由权”等进步言论。11 日晚 8 时，陈独秀拿着 1 000 多份印好的传单，悄悄潜入北京前门外新世界商场，在他散发传单时，被在此蹲守的外五区侦缉队密探发现，当场被捕。次日，陈独秀被解送京师警察厅。审讯中，他慷慨陈词，对所做事实供认不讳，京师警察厅以“妨害社会治安，蛊惑民心，煽动暴动”等罪名判定陈独秀有罪。此案被披露后，社会各界纷纷谴责北洋政府破坏舆论自由，摧残近代思潮，要求尽快释放陈独秀。1919 年 9 月 16 日，在社会各界营救、声援下，饱受 3 个月铁窗之苦的陈独秀终于被保释。

众一心”“抵制日货”的旗帜和“为国雪耻”“挽救北京被捕学生”“为良心救国牺牲私利”等标语。上海全市的大小商店、影院、饭店、银行，几乎都停了业，关了门。

从上海开始的罢工、罢课、罢市的“三罢”运动，迅速遍及全国20多个省份的150多个城市。除北京、上海外，镇江、南昌、九江等地学生罢课；长辛店、唐山铁路工人，杭州、九江等地工人罢工；南京、厦门、无锡、天津等地商人罢市，甚至连东京、旧金山等地的侨胞也纷纷响应。

五四运动开始由最初的学生和知识分子参与的运动，发展成为有工人阶级、小资产阶级和资产阶级参加的全国规模的革命运动。运动的中心由北京转移到上海，斗争的主力由学生逐渐转向工人，这对五四运动的胜利起到了决定性的作用。

4. 五四运动胜利

在全国人民的巨大压力下，北洋政府不得不做出让步。6月6日至7日，释放了全部被捕学生，并公开道歉；6月10日，又宣布罢免曹汝霖、陆宗舆、章宗祥3个卖国贼的职务，北洋政府的国务总理钱能训亦引咎辞职。但对巴黎和会签字问题，北洋政府不肯做出拒签的明确指示，由代表团自行决定。而参加和会的中国代表团，最初要求在对德和约后附注中国对山东问题持保留态度，也遭到列强拒绝。6月28日，巴黎和会对德和约签字，中国代表团拒绝出席该会议，也没有在该项和约上签字。

近代以来，无论是晚清政府还是北洋政府，都是惧洋媚外的，他们不知同外国列强签订了多少个丧权辱国的条约，对外国列强的无理要求，他们往往是俯首听命、不敢坚持抗争，以至“几成惯例”。这次，中国代表“鉴于全国舆情，不敢拂逆众意”，竟然敢于对所谓“国际和平会议”拟定的条款公开表示拒绝，这在中国近代外交史上尚属空前。至此，历时50多天的五四反帝爱国运动实现了预期的斗争目标。

像五四运动这样席卷全国、具有如此声势和威力的爱国群众运动，在中国历史上尚不曾有过。五四运动爆发前夜，中国大地似乎笼罩在一片黑暗中。环顾海内，仿佛没有什么足以同黑暗势力抗衡的力量。谁也没有想到，在原本相当沉默的民众中，竟会爆发出如此惊天动地的大风暴。

五四运动前，中国也发生过多次反对帝国主义和封建军阀的政治行动，可是它们或者是单纯的军事行动，或者是只有较少人参加的爱国活动。五四运动则大不相同，它所牵动的社会面是如此之广，它所表现出的意志是如此顽强，使反动势力张皇失措，正如毛泽东说的那样："五四运动的杰出的历史意义，在于它带着为辛亥革命还不曾有的姿态，这就是彻底地不妥协地反帝国主义和彻底地不妥协地反封建主义。"

五四运动的直接斗争目标是"和会不得签字"和"惩办国贼"。前者针对的是侵犯中国权利的帝国主义列强，后者针对的是出卖中国权利的封建官僚。广大学生和各阶层群众为此所进行的坚定明确、英勇无畏、不屈不挠的斗争，正是彻底地不妥协地反帝、反封建革命精神的具体体现。

通过这场反帝爱国运动的实践，在严重民族危机的强烈刺激下，许多仁人志士义愤填膺，开始前赴后继地寻找救国之路。同时，经历过五四这次大风暴的革命实践，人们对挽救祖国危亡的途径有了新的认识，眼前打开了一片新的天地，未来有了新的道路。

中国共产党早期领导人之一——瞿秋白，在五四运动后这样描述自己的思想变动历程：“五四运动陡然爆发，我于是卷入漩涡。孤寂的生活打破了。……中国民族几十年受剥削，到今日才感受殖民地化的况味。帝国主义压迫的切骨的痛苦，触醒了空泛的民主主义的噩梦。学生运动的引子，山东问题，本来就包括在这里。工业先进国的现代问题是资本主义，在殖民地上就是帝国主义，所以学生运动倏然一变而倾向于社会主义，就是这个原因。”

同盟会最早的会员之一——吴玉章在回忆五四运动时说：“这是真正激动人心的一页，这是真正伟大的历史转折点。从前我们搞革命虽然也看到过一些群众运动的场面，但是从来没有见到过这种席卷全国的雄壮浩大的声势。在群众运动的冲击震荡下，整个中国从沉睡中复苏了，开始散发出青春的活力，一切反动腐朽的恶势力，都显得那样猥琐渺小，摇摇欲坠。……在人民群众中所

1919 年 6 月 11 日，天津学生团为庆祝五四运动取得初步胜利合影留念

蕴藏的力量一旦得到解放，那才真正是惊天动地、无坚不摧的。”

五四运动以后，很多中国进步人士经过对各种社会主义思潮的比较研究，逐步地在马克思主义的旗帜下集合起来。他们认识到了工人阶级的无穷力量，然后毅然决然地脱下学生装，穿上粗布衣，走到工人群众中去。五四运动促进了马克思主义与中国工人运动的有机结合，为中国共产党的成立准备了条件，揭开了中国新民主主义革命的序幕。

第二章 II 传播马克思主义

1. 李大钊与《新青年》

李大钊，字守常，1889 年 10 月出生于河北省乐亭县大黑坨村，不到两岁，父母就先后去世，由祖父李如珍抚养成人。1907 年，李大钊考入天津北洋法政专门学校。青年时代的李大钊，就因为目睹了中国在帝国主义侵略下的危亡局势和黑暗状况，产生了强烈的爱国热忱，立志要为苦难的中国寻求出路。

1913 年，他赴日求学，在东京早稻田大学攻读政治学。其间，李大钊受到日本著名马克思主义者、京都帝国大学教授河上肇的影响，开始接触社会主义思想和马克思主义学说。接受了马克思主义的李大钊于 1916 年 5 月回国，在北京创办《晨钟报》，后又任《甲寅日刊》编辑，并积极参与新文化运动。

1917 年，俄国十月革命一声炮响，犹如春雷震撼大地，惊醒了全世界。十月革命为世界无产阶级树立了革命的榜样，也使中国人民看到了革命的前途与希望。中国先进知识分子开始如饥似渴地学习、宣传马克思主义思想。

1918 年 1 月，经章士钊推荐，李大钊开始到北京大学担任图书馆主任，后兼任经济学教授，参加《新青年》杂志编辑部工作。当时的北京大学，经过新文化运动的洗礼，已经成为全国瞩目的传播新思想最为活跃的地方，而北大图书馆中，也保存有一部分马克思、恩格斯、列宁的著作和书籍，尽管都是外文，在当时已经算是很难得的了。李大钊正是在这里逐步明确并鲜明地站到了马克思主义立场上来，从而成为中国最早的马克思主义者。

五四运动前后，马克思主义思想虽然在中国大地上广泛受到认同，但更多的人都对马克思主义缺乏深入了解，而李大钊基于其对马克思主义的认识，同时参考了一些国外学术资料，撰写了很多阐述、评论和宣传马克思主义的文章。

1919年4月，李大钊等主编的《每周评论》刊登了《共产党宣言》第二章“无产者和共产党人”的摘译文。5月5日，适逢马克思诞辰101周年纪念日，李大钊在北京《晨报》副刊开辟了“马克思研究”专栏，大量登

1919年7月，李大钊等人先后成立了少年中国学会和北京大学马克思学说研究会，研究和传播马克思主义，图为少年中国学会部分会员合影，右三为李大钊

1919 年 9 月、11 月，李大钊在《新青年》上发表《我的马克思主义观》一文

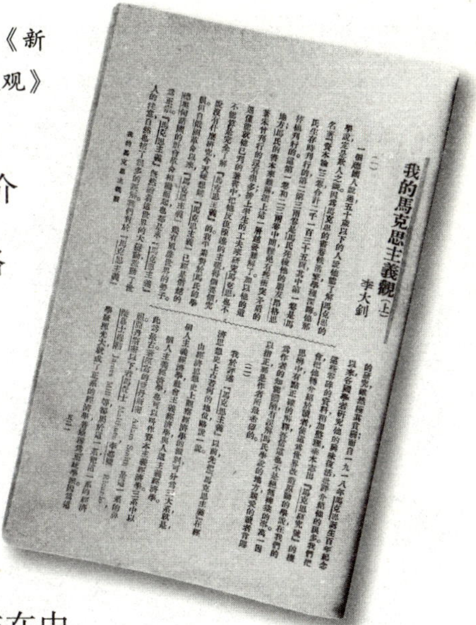
我的馬克思主義觀（上）
李大釗

载马克思等人的译著，介绍马克思、列宁的传略与马克思列宁主义，以及介绍俄国革命和建设的文章。该专栏连载的马克思《雇佣劳动与资本》，是马克思著作在中国的第一部完整的中译本。

10 月、11 月，李大钊负责编辑出版《新青年》杂志第六卷第五、六号，这两期是“马克思主义研究专号”。其间，李大钊发表了著名的《我的马克思主义观》一文，这是我国首篇比较全面系统地介绍马克思主义的论著。

李大钊在文章中首先表明了撰文的宗旨，那就是要使中国人民对马克思主义有一个正确的认识。文章对于马克思主义的三个组成部分——唯物史观、政治经济学和科学社会主义，分别做了阐述，指出“这三部理论，

历史掌故

亢慕义斋

1920年3月31日，由李大钊组织发起的北京大学马克思学说研究会正式成立。该会设3个特别研究组和11个固定研究组，成员有邓中夏、高君宇、何孟雄、朱务善、罗章龙、张国焘等60余人。北京大学校方把位于马神庙西口北大二院内西头的两间房子拨给了他们做会址，主要是搜集、存放、借阅一些马克思、恩格斯和列宁的著作，所以这个地方被称作“亢慕义斋”（其中，“亢慕义”是德文“COMMUNISM”即共产主义的音译，“亢慕义斋”意为“共产主义小屋”）。学会的书籍大部分是第三国际提供的，少部分是北大图书馆购进后转交的，上面都使用“亢慕义斋图书”印记。这里既是图书室、翻译室，又是马克思学说研究会的办公室，后来的北京共产党早期组织、青年团和其他革命团体也经常在这里集会、活动。

都有不可分的关系，而阶级竞争说恰如一条金线，把这三大原理从根本上联络起来”。

历史地看，李大钊这篇文章在中国的马克思主义发展史上具有划时代的意义，同时它也表明李大钊完成了从一个民主主义者向马克思主义者的转变。

1920年3月，李大钊在北京大学一批青年学生中发起组织了一个马克思学说研究会，利用从北大图书馆借来的一部分马克思、恩格斯和列宁的著作以及与此有关的一些书籍，分别阅读，对一些不懂外文的同学则请通晓外文的人帮助他们翻译、理解。1920年下半年，李大钊又在北京大学等5所高等学校开设现代政治、唯物史观、社会主义和社会运动、史学思想、女权运动史等课程，向学生们系统地讲授马克思主义。

许多进步青年在他的影响下逐步接受了马克思主义，其中包括中国共产党早期著名活动家，如邓中夏、高君宇等，就连毛泽东和周恩来也都直接或间接地受到过他的思想影响，真可谓中国传播马克思主义第一人。

2. 陈独秀与《谈政治》

五四运动之后，另一中国共产主义先驱——陈独秀，成了在中国传播马克思主义最具影响力的人物之一，这与他当时的思想转变和社会声望密切相关。

陈独秀，字仲甫，号实庵，安徽省怀宁县人。他是新文化运动的主要倡导者和精神领袖，《新青年》杂志的创办者，被毛泽东誉为“五四运动的总司令”，赫赫有名，当时一大批进步青年都团结在他身边。

五四运动前后，滚滚而来的社会主义思潮使陈独秀对资产阶级民主的质疑不断增长，他已不再满足于对抽象的“民主”与“科学”的追求，而是通过《新青年》郑重宣告：“我们相信世界上的军国主义和金力主义（指帝国主义和资本主义），已经造了无穷罪恶，现在是应该抛弃的了。”他对新社会的设想中，开始表现出对具体的俄国式革命的热烈向往。

1920 年夏秋，陈独秀的思想发生了质的飞跃。9 月，陈独秀在《新青年》杂志上发表了长篇论文《谈政治》，否定了自己原来只改造思想，不谈政治的立场，中肯地提出“你谈政治也罢，不谈政治也罢，除非逃在深山人迹绝对不到的地方，政治总会寻着你的”。陈独秀开始明确把自己定义为一个共产主义者、“信仰列宁主义”，并开始宣传阶级斗争和无产阶级专政的必要性，同时颂扬马克思主义阶级斗争学说和俄国革命经验。

在文中，他以鲜明的科学社会主义思想同温和的社会主义和无政府主义针锋相对。他写道：“我们要明白世界各国里面最不平最痛苦的事，不是别的，就是少数游惰的消费的资产阶级，利用国家、政治、法律等机关，把多数勤苦的生产的劳动阶级压在资本势力底下，当作牛马机器还不如。要扫除这种不平，这种痛苦，只有被压迫的生产的劳动阶级自己造成新的强力，自己站在国家地位，利用政治、法律等机关，把那压迫的资产阶级完全征服，然后才可望将财产私有、工银劳动等制度废去，将过于不平等的经济状况除去。若是不主张用强力，不主张阶级战争，天天不要国家、政治、法律，天天空想自由组织的社会出现，那班资产阶级仍旧天天

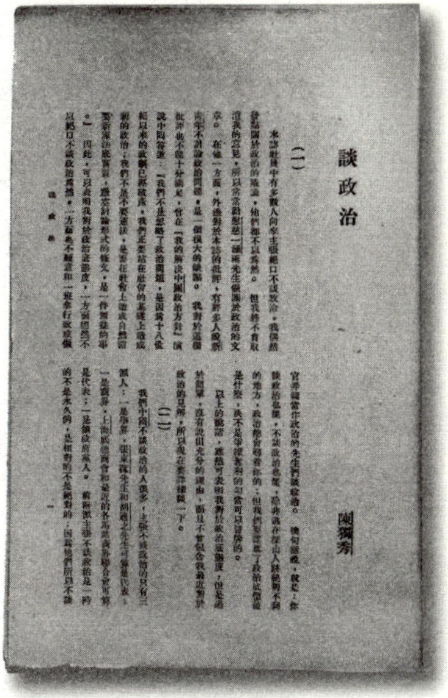
談政治

陳獨秀

1920 年 9 月，陈独秀在《新青年》上发表《谈政治》一文

站在国家地位，天天利用政治、法律。如此梦想自由，便再过一万年，那被压迫的劳动阶级也没有翻身的机会……利用政治的强权，防止他们的阴谋活动；利用法律的强权，防止他们懒惰、掠夺，矫正他们的习惯、思想都很是必要的方法。”

《谈政治》一文是陈独秀转变为马克思主义者的宣言书，从这时起，陈独秀已经把立足点移到了无产阶级一边，主张改造中国必须走马克思主义指引的道路，他已经从一个具有初步共产主义思想的知识分子，转变为一个早期的马克思主义者了。

陈独秀的转变，同李大钊相比虽然稍晚，可是，当他实现了这一转变之后，他在对广大进步青年进行有力引导和促进方面的重要性立即显现出来。

他在此后的《新青年》杂志的每一期中都辟出了“俄罗斯研究”专栏，详细介绍经过十月革命后的俄国状况；他的《谈政治》以及后来陆续发表的《社会主义批评》《致无政府主义者区声白的信》等一系列文章，对宣传科学社会主义都具有比较充分的说服力，他的论著被青年们誉为“研究马克思学说的最好的入门书”。毛泽东后来回忆说：“陈独秀谈他自己的信仰的那些话，在我一生中可能是关键性的这个时期，对我产生了深刻的印象。”

3. 毛泽东与《湘江评论》

《湘江评论》是毛泽东创办并亲自主编的正式刊物，是五四时期以湖南学生联合会名义在长沙出版发行的一张四开四版小型报纸，每周一张。自 1919 年 7 月 14 日创刊号问世，至 8 月中旬被军阀张敬尧查封，共出版发行四期与临时增刊第一号。

1919 年春天，毛泽东因母亲病重，从北京返回湖南。这时的毛泽东通过在北京耳濡目染种种新思想，已眼界大开，对救亡图存有了更多的想法。

他回到长沙后，经同学周世钊推荐，在修业小学担任历史教员，每周上 6 节课。工资虽然不高，但这使得毛泽东有了更多时间同长沙的新民学会会员加强联系，直接投身社会活动。

五四运动以后，研究和传播马克思主义成为中国进步思想界的主流，中国各地先后出现了400多种进步刊物，载文介绍了社会主义观点。

湖南学联根据毛泽东的提议，决定创办《湘江评论》杂志，并聘请他担任主编和主要撰稿人。

7月14日，《湘江评论》正式出版创刊号，毛泽东亲自撰写了“创刊宣言”，热情欢呼：“时机到了！世界的大潮卷得更急了！洞庭湖的闸门动了，且开了！浩浩荡荡的新思潮业已奔腾澎湃于湘江两岸了！顺他的生。逆他的死。如何承受他？如何传播他？如何研究他？如何施行他？这是我们全体湘人最切最要的大问题，即是‘湘江’出世最切最要的大任务。”

《湘江评论》以“宣传最新思潮”为办报宗旨，对国内外最新革命形势进行报道、评论，发表了大量充满革命激情与富有批判精神的文章，介绍了有关政治、教育的最新思想。可以说，每一号散发着油墨清香的《湘江评论》，都是为读者准备的营养丰富的思想大餐。

25岁的毛泽东全力投入《湘江评论》的编辑工作之

中。预约的稿子常常不能收齐，他只好代笔补白。7、8月间正是长沙酷暑时节，蚊叮虫咬，一般人不胜其苦，毛泽东却在简陋的宿舍中，与蚊虫为伴、与汗水为伍，满怀激情奋笔疾书，夜夜工作至天明。一个多月内，毛泽东竟为《湘江评论》写了40篇文

中華民國八年七月廿一日

湘江評論臨時增刊

湘江大事述評

健學會之成立及進行

1919年7月21日出版的《湘江评论》临时增刊第一号

章。文章写好了，还要自己编辑，自己排版，自己校对，有时还得亲自上街叫卖。他此时的生活异常艰苦，修业小学给他的薪水除吃饭外没什么剩余，他的行李只有旧蚊帐、旧被套、旧竹席，身上的灰布长衫和白布裤也很破旧。但在这种窘困的生活中，青年毛泽东的思想探索进入最活跃的状态。

毛泽东在《湘江评论》上第二、三、四期连载了他的长篇论文《民众的大联合》，文中，他第一次公开赞颂

了俄国十月革命及其影响。他说："俄罗斯打倒贵族，驱逐富人，劳农两界合立了委办政府，红旗军东驰西突，扫荡了多少敌人，协约国为之改容，全世界为之震动。"

这一时期，毛泽东的思想向前跨出了一大步，开始走向历史唯物主义。他意识到"世界上什么问题最大？吃饭问题最大"。"社会制度之大端为经济制度"，贵族、资本家及其他强权者，"所赖以维持自己的特殊利益，剥削多数平民的公共利益者"，无非就是"知识""金钱"和"武力"这样一些东西。所以，今后他要"踏着人生社会的实际说话"，"研究实事和真理"。

毛泽东此前总是极力推崇圣贤在历史上的创造作用，殷切期待"大哲学家""大伦理学家"出世，担当起改造人们思想和世界的重任。但从十月革命和五四运动的历史实际中，他开始看到了过去自己没有发现的人民大众显示出来的巨大力量，开始觉得许多人虽然"办了些教育，却无甚效力"，从而明确提出实行社会改造的"根本的一个方法，就是民众的大联合"，"因为一国的民众，总比一国的贵族资本家及其他强权者要多"，"历史上的运动不论是哪一种，无不是出于一些人的联合。较大的运动，必有较大的联合”。为此，他号召占中国人口大多数的农民联合起来，为减轻地租捐税、解决吃饭问题而进行抗争；号召学生、教员、妇女各界根据自己的切身利益和要求联合起来，最终实现民众的大联合。从此以后，他总是把自己置身于民众之内，依靠民众的大联合，来实现救国救民的理想。

《湘江评论》只存在了 1 个多月，就因为宣传“过激

1918 年 4 月，毛泽东、蔡和森等在长沙组织新民学会，学习、研究、宣传马克思主义，图为部分会员合影，后排左四为毛泽东

主义”遭到军阀张敬尧的查禁，但它被公认为是五四时期最出色的革命刊物之一，影响十分深远。创刊号原本印了2 000份，推出后马上卖完了，加印了2 000份，仍不能满足需要。不少进步青年，如任弼时、郭亮、萧劲光，就是在《湘江评论》的直接影响下开始觉悟的。北京、上海、成都的一些报刊，都转载过它的文章。《每周评论》第36期上刊载过胡适的一篇文章——《介绍新出版物》，其中谈道：“《湘江评论》的长处是在议论的一个方面。第二、三、四期的《民众的大联合》一篇大文章，眼光很远大，议论也很痛快，确是现今的重要文字。”

“指点江山，激扬文字，粪土当年万户侯。”经过五四浪潮和马克思主义的思想洗礼，毛泽东正逐步从一个爱国青年成长为一个真正的马克思主义者。

4. 周恩来与觉悟社

天津市河北区宙纬路三戒里4号，有一座由7间青砖平房组成的小院。这座小院，就是五四运动时期鼎鼎大名的觉悟社旧址。觉悟社，曾经是中国革命思想策源地，是那个年代最为进步的学生的大本营，从那里走出了好几位新中国缔造者，周恩来就是其中之一。

1919 年，周恩来从日本留学回国后，参加了天津的五四运动，并领导天津学生进行了赴京请愿斗争。9 月 2 日，周恩来和郭隆真、张若茗等 7 人一起坐火车从北京返津。在回津的火车上，他们热烈地交谈着，并对能够打破封建观念束缚，将以南开学校、高等工业学校等男校为主的天津学生联合会和以第一女子师范学校为主的女界爱国同志会两大爱国学生运动团体进行联合，进而形成统一的领导核心这一问题，进行认真的酝酿和讨论。

最后，周恩来提出主张，“学习北京的经验，从两个团体中选出一些骨干分子，组成一个比学联等更严密的团体，从事科学和新思潮的研究，并出版一种刊物，作为引导社会的先锋”，这一提议得到了大家一致赞同。

回到天津后，周恩来往返奔走，不断与持各种观点的同学交换意见，求同存异，统一思想，进行了一系列

1919年9月，周恩来等在天津成立觉悟社，学习、研究、宣传马克思主义，图为部分成员合影，后排右一为周恩来，右五为马骏；前排右二为刘清扬，右三为邓颖超

的觉悟社筹建工作。1919年9月16日，天津学生联合会和天津女界爱国同志会的男女各10名进步青年，组成了革命团体——觉悟社。

在成立大会上，周恩来被推举为会议主持人，并负责起草觉悟社宣言。“觉悟”是当时进步青年中十分流行的一个名词，觉悟社宣言中写道：“‘觉悟’的声浪，在二十世纪新潮流中，蓬勃得很厉害。我们中国自从去岁受欧战媾和的影响，一般稍具普通常识的人，也随着生了一种很深刻的‘觉悟’：凡是不合于现代进化的军国主义、资产阶级、党阀、官僚、男女不平等界限、顽固思想、旧道德、旧伦常……全认他为应该铲除应该改革的。

有了这种‘觉悟’，遂酝酿成这次全国的‘学潮’，冲动了全国的学生界，人人全想向‘觉悟’方面走。”所以觉悟社的宗旨是本着“革心”“革新”的精神，求大家的“自觉”“自决”。周恩来在宣言中号召：“社会上所有的人都向‘觉悟’道路上走。努力！奋斗！”

觉悟社的社刊是《觉悟》，由周恩来担任主编。社员们废除姓名，用抓阄的办法决定各自的代号，再以代号的谐音作为化名对外工作，并在《觉悟》杂志上发表文章，如周恩来为伍豪（即5号），邓颖超为逸豪（即1号），赵光宸为“奈因”（即9号，用英文“nine”的谐音），马骏为“念久”（即29号，用廿和九的谐音）。

觉悟社成立后的第一个活动，就是请时任北京大学

历史掌故

周恩来作《大江歌》

1917年，周恩来从天津南开学校毕业后，赴日本求学前夕，作诗《大江歌》一首：

大江歌罢掉头东，邃密群科济世穷。

面壁十年图壁破，难酬蹈海亦英雄。

教授、五四时期著名的马克思主义者李大钊到觉悟社讲话。李大钊对觉悟社不分男女的组合和出版刊物的做法非常赞赏，并建议大家好好阅读《新青年》和《少年中国》上的进步文章，鼓励大家分类研究各种学术问题和世界各国革命的新思潮。由于接受了李大钊的启示，觉悟社的社员开始进入一个埋头钻研理论和集体研究问题

历史掌故

留法勤工俭学运动

留法勤工俭学运动起始于1912年吴稚晖、李石曾等组织成立的“留法俭学会”。1916年6月，中法两国人士共同成立了“华法教育会”，蔡元培任中国会长，并在北京创立了留法俭学和勤工俭学预备学校。1918年3月17日，89名中国第一批勤工俭学学生乘日本邮船“固幡丸”号，由上海启程赴法，北京大学教员徐悲鸿同船赴欧研究美术。从五四运动到1920年，留法勤工俭学运动达到极盛，先后到达法国的有周恩来、赵世炎、王若飞、李立三、陈延年、陈乔年、徐特立、陈毅、聂荣臻、邓小平、傅钟、萧三等人，全国范围内有21个省市的1 600余名勤工俭学学生远涉重洋陆续踏上法兰西国土，足迹遍布法国上百所工厂和学校。

的阶段。

觉悟社发行的刊物——《觉悟》

1920 年 1 月，觉悟社发动青年学生开展反对中日直接交涉和抵制日货的斗争，周恩来、郭隆真等被捕。出狱后，受十月革命影响和在李大钊等人的指导、支持下，周恩来、郭隆真等一部分觉悟社成员，于 8 月间赴法国勤工俭学。在法国，周恩来于 1921 年春加入了中共旅法小组，成为中国最早的共产主义者之一。而觉悟社的其他大多数成员也先后加入了中国共产党和社会主义青年团，成为革命的骨干力量。

至此，觉悟社的集体活动宣告结束。从 1919 年 9 月至 1920 年 11 月，觉悟社的集体活动虽然仅仅存在了 1 年多，但它在中国近代史上却写下了光辉的一页。

第三章

南陈北李，相约建党

1. 加快建党步伐

中国共产党的成立有着深刻的历史背景。随着帝国主义的入侵和现代工业的发展，中国产生了无产阶级，而且在不断发展壮大，到 1919 年时产业工人已经发展到 200 万人左右。

无产阶级的产生和发展，为中国共产党的建立奠定了阶级基础。马克思列宁主义在中国的广泛传播，为中国共产党的建立奠定了思想基础。五四运动则促进了马克思主义同中国工人运动的结合，又为中国共产党的建立做了思想上和干部上的准备。

除了这些历史背景，中国共产党的成立，还需要有呼风唤雨、应者云集的领军人物。而陈独秀与李大钊二人都是思想界的明星人物，都致力于先进思想的启蒙与宣传。五四运动之后，二人的声望达到新的高峰，通过他们大力传播马克思主义，一大批先进知识分子相继走上中国革命的道路。

陈独秀

李大钊

当时有诗盛赞他俩："北大红楼两巨人，纷传北李与南陈；孤松（李大钊笔名）独秀如椽笔，日月双星照古今。""北李南陈，两大星辰；漫漫黑夜，吾辈仰承。"

1919年因散发传单被捕而刚刚获释的陈独秀并没有停止战斗。为避免敌人的迫害，陈独秀计划离开北京到上海发展。

1920年2月的一天，北风呼啸，大雪纷飞，一辆带篷的骡车飞快地行进在北京的大路上。骡车上坐着两个人：一人头戴毡帽，好像是去乡下讨账的财主，此人正是打算秘密离京的陈独秀；另一人夹着账簿，像个账房先生，则是亲自护送陈独秀的李大钊。

骡车跑出北京朝阳门后，特意绕道李大钊的家乡河北省乐亭县大黑坨村躲了几天，然后才转到天津。李大钊一口道地的河北口音，乡情又熟，所以沿途住店一切交涉，都由他出面办理，以免让陈独秀张口露出南方人的口音，引发怀疑。两人顺利抵达天津后，购买了一张外国船票，陈独秀才得以安全地坐船前往上海。在这一路的颠簸中，陈独秀和李大钊没有片刻休息，他们在紧张地探讨关于建立中国共产党的意见，畅谈了如何使中国摆脱贫穷落后的面貌，走向共产主义的光明前途。分手之际，他们相约在北京和上海分别进行活动，筹建中国共产党，双方明确分工：南方由陈独秀负责，北方由李大钊负责。这就是人们耳熟能详的骡车中“南陈北李，相约建党”的历史佳话。

李大钊护送陈独秀离京后，两个人一方面各自忙于建党的准备工作，一方面仍然保持着紧密联系，不断通过张申府、张国焘往返沪京两地传递信件，交换意见。围绕用“社会党”还是用“共产党”命名的问题，陈独秀自己不能决定，就写信给张申府，请他与李大钊研究商量，李大钊主张叫“共产党”，陈独秀表示完全赞同。

1920 年 4 月间，俄共（布）西伯利亚局派维经斯基等一行来华，了解中国情况，考察能否在上海建立共产国际东亚书记处。他们先在北京会见了李大钊。李大钊特意写信，介绍他去上海找陈独秀商谈。维经斯基的来访，让陈独秀非常兴奋。得到共产国际的支持和鼓励后，他加快了建立各地共产主义小组的步伐。

1920 年 9 月，张国焘回到北京后，把陈独秀希望赶紧建立共产党组织的意思，转告了李大钊。此前，李大钊还在考虑建立中国共产党的时机是否成熟，此时听到陈独秀的意见，他立即毫无保留地表示赞成，他认为：“陈独秀先生对南方的情况比我们知道得更清楚，判断也较为正确，现在他既已实际开展活动，那么我们就应该

历史掌故

共产国际

20世纪初期，为促进世界革命迅速发展，在国际范围内把无产阶级团结起来，使刚刚建立的各国共产党能沿着马克思主义路线前进，列宁亲自领导各国无产阶级建立起一个新的革命的国际组织——共产国际。1919年3月2日，共产国际第一次代表大会在莫斯科召开，参加大会的有35个国家的共产主义和社会主义政党、团体与组织。由于当时中国共产党尚未成立，苏俄政府外交部遂邀请侨居俄国的旅俄华工联合负责人刘绍周和张永奎作为“中国工人”的代表列席会议。大会通过了列宁起草的《关于资产阶级的民主和无产阶级专政的提纲》《共产国际纲领》和《共产国际宣言》。列宁创立的共产国际又被称为第三国际，这是为了与马克思、恩格斯曾于1864年创立的第一国际和恩格斯于1889年创立的第二国际相区别。第三国际的主要任务是宣传和捍卫马克思主义，团结各国工人阶级和广大群众，为推翻帝国主义和资本主义的统治、建立无产阶级专政、消灭剥削制度而斗争。在中国共产党创立过程中，共产国际发挥了重要的指导作用。

一致进行……”

在李大钊、陈独秀等共产主义先驱的不懈努力下，马克思主义这个源于遥远国度的学说，终于跳出书本，在中国大地落地生根。

2. 建立早期组织

1920年，陈独秀从北京来到中国近代工业发源地上海。此时，他的思想已经发生了根本性变化，他的关注点从青年学生转向了工农大众，从进步思想文化的研究和传播，转向了进行政治活动和建立共产党。

深入到工人阶级中去，了解他们的疾苦，并把他们组织起来，是筹备建立无产阶级政党的第一步。陈独秀很快把《新青年》杂志社迁到了上海，并改弦更张，大谈政治，积极宣传社会主义，同时开始在工人群众中宣传马克思主义。

他亲自到码头工人中了解情况，到中华工业协会、中华工会总会等劳动团体去做调查，在工人大会上激情演说，传播进步思想。他在上海码头工人大会上发表的题为“劳动者底觉悟”的演说中说道：“社会上各项人，只有做工的是台柱子，因为有他们的力量才把社会撑住。”他希望工人群众迅速觉悟起来，认识到自己的伟大力量和历史使命，要把几千年来“劳心者治人，劳力者治于人”的话倒转过来。

陈独秀不但自己到工人中去，还约请北大和各地的进步青年，一起深入到工人中开展调查，并在此基础上编辑出版了《新青年》第7卷第6号专刊《劳动节纪念号》，发表了28篇文章，反映了上海、北京、天津、长沙、芜湖、无锡、南京、唐山等各地工人的情况。《劳动节纪念号》的编辑发行，正是中国先进分子与工人运动相结合的产物。

同年4月中旬，陈独秀联合中华工业协会、中华工会总会、电器工界联合会、船务栈房工界联合会、药业友谊联合会等7个工界团体，筹备召开世界劳动节纪念大会，并在筹备会上发表了《劳工要旨》的演讲，之后被推选为筹备会顾问。

在陈独秀的指导下，上海各业5 000多工人于5月1日举行了集会，提出了“劳工万岁”等口号，通过了

《上海工人宣言》。此后，陈独秀又主持创办了《劳动界》《伙友》等刊物，不断向工人宣传马克思主义，以启发工人的觉悟，组织起真正的工会。在陈独秀的倡导下，俞秀松等一批进步青年深入到工厂中做工、调查并研究如何开展工人运动。

1920年8月成立的上海共产党早期组织主要活动地点——上海法租界环龙路老渔阳里2号陈独秀寓所

陈独秀在发动和组织工人过程中，积极开展马克思主义传播与建党工作，并从上海马克思主义研究会成员中发现了建党的骨干。

1920年春，共产国际派维经斯基来华，经李大钊介绍，维经斯基南下到上海会见了陈独秀。经过深入了解，维经斯基等人认为中国已经具备建立共产党的条件，在他们的帮助下，陈独秀以上海马克思主义研究会为基础，加快了建党工作的步伐。

1920年6月，陈独秀同李汉俊、俞秀松、施存统、陈公培等人开会商议，决定成立共产党组织，并初步定名为社会共产党，还起草了党的纲领。党纲草案共有10条，其中包括运用劳工专政、生产合作等手段达到社会革命的目的。此后不久，陈独秀接受李大钊建议，将党组织定名为“共产党”。

经过酝酿和准备，在陈独秀的主持下，上海的共产党早期组织于1920年8月在上海法租界老渔阳里2号《新青年》编辑部正式成立，这是中国的第一个共产党组织，其成员主要是马克思主义研究会的骨干，陈独秀为书记。

1920年12月，陈独秀应陈炯明之邀，赴广州任职后，李汉俊和李达先后代理过书记的职务。上海的共产党早期组织通过写信联系、派人指导或具体组织等方式，积极推动各地共产党早期组织的建立，实际上起到了中国共产党发起组的作用。

3. 成立北京支部

当陈独秀在上海进行建党筹备工作的同时，李大钊也在北京积极创造条件，准备建立共产党的早期组织。

在北京五四大街上有一座西洋风格的红色砖瓦建筑，这就是被称为红楼的北大文科、图书馆及校部所在地，红楼一层东南角的两间屋子是当时北大图书馆主任李大钊的办公室。由于李大钊不但学识渊博、思想先进，而且平易近人，他和蔼的态度、先进的思想、热心助人的性格，吸引了众多进步学生频繁出入他的办公室，与他畅谈社会问题，所以李大钊的办公室也成了北大进步师生聚会的场所，不大的房间里总是充满浓郁的学术自由空气，大家彼此戏称“饱食终日无所用心”，并因此将李大钊的办公室命名为“饱无堂”。

随着五四运动后马克思主义在中国广泛传播，这间办公室的马克思主义气息也日益浓厚起来。1920 年 3 月，李大钊在这里秘密成立了北京大学马克思学说研究会，其成员大多是五四运动中的骨干和积极分子。这个研究会通过收集学习马克思主义的著作、举办座谈讨论、组织出版工作等方式，把活动开展得有声有色，其成员也发展很快。它是中国最早学习和研究马克思主义的团体，并迅速成为北方宣传马克思主义的中心，为建党做了重要准备。

1920 年春，共产国际派维经斯基来华，通过北大的俄籍教员介绍，维经斯基认识了李大钊。二人在李大钊的办公室长谈后，李大钊还找来北大学生中的先进分子

1920 年 10 月成立的北京共产党早期组织的主要活动地点——北大红楼 119 室，李大钊的办公室

罗章龙、张国焘、李梅羹、刘仁静等同维经斯基见面，通过会面，同学们对苏维埃制度从政治、经济、军事到文化，都有了比较清楚的认识，对十月革命、苏维埃制度和世界革命有了更大的信心。之后，李大钊又介绍维经斯基去上海会见陈独秀。经过与共产国际代表交流，李大钊和陈独秀一致认为需要加快建党的进程，并同时在中国北方和南方从事建党的筹备工作。

为了解工人群众的生活，唤起工人的觉醒，积聚工人阶级的力量，李大钊号召和组织先进知识分子到人力车工人居住区进行调查。工人的悲惨生活状况使他们大为震惊。1920 年 5 月 1 日，李大钊在北京大学召开的有 500 多名工友和学生参加的纪念国际劳动节大会上，发表了热情洋溢的演说，宣传 8 小时工作制，并主张把“纪念五一节当作我们引路的一盏明灯”。

同时，李大钊等人还积极联络北京、天津等地的先进分子，努力促成进步团体的联合。1920 年 8 月 16 日，少年中国学会、人道社、曙光社、青年互助团及天津觉悟社的代表 20 余人，在北京陶然亭举行茶话会，决定将

5个原本分散的团体组合成“改造联盟”，以促进各进步团体的协调统一。

经过一系列准备工作，1920年10月，“共产党小组”在北大红楼李大钊的办公室正式成立。最初成员有李大钊、张申府、张国焘3人。不久，张申府经上海去法国，党组织又吸收了一批新的成员。内部分工是：李大钊负总责，并主持马克思学说研究会；张国焘担任职工运动的发动工作；黄凌霜、陈德荣编辑并发行《劳动音》周刊；罗章龙、刘仁静等负责建立社会主义青年团组织。1920年年底，北京党组织召开会议，决定成立“共产党北京支部”，由李大钊任书记，张国焘负责组织工作，罗章龙负责宣传工作。随后，支部又陆续发展了一些北京大学的进步师生为成员。

上海、北京的共产党早期组织成立后，武汉、长沙、广州、济南等地的先进分子以及旅日、旅法华人中的先进分子，也相继建立了共产党早期组织。这些早期组织的成员都是初步确立了共产主义信念的知识分子，他们努力学习马克思主义，深入工人群众，参加实际斗争，在思想感情上发生了深刻变化，逐步转变成为无产阶级的先锋战士。与此同时，工人群众也开始逐步接受马克思主义，提高了阶级觉悟，涌现出一批有共产主义思想的先进分子。这样一来，正式成立中国共产党的条件就基本具备了。

4. 翻译《共产党宣言》

《共产党宣言》是马克思和恩格斯为世界上第一个工人阶级政党——共产主义者同盟撰写的纲领，并于 1848 年 2 月在英国伦敦用德文首次发表。它是全世界共产党人的第一个纲领性文件，它的发表标志着马克思主义的诞生。这部著作篇幅不大，只有 3 万多字，但在世界上的影响却非常巨大。由于它的问世以及由马克思、恩格斯所开创的世界社会主义运动的兴起，世界上产生了数以千计的共产党组织和社会主义组织，产生了一批社会主义国家，从根本上改变了资本主义一统天下的世界格局。《共产党宣言》的传播非常广泛，先后被翻译成了 200 多种文字，成为全世界共产党人和一切进步人士必读的著作。该书最早的中文全译本，出自我国著名语言学家陈望道先生。

20世纪初，俄国十月革命的一声炮响，为处于半殖民地半封建社会深渊的中国送来了马克思列宁主义。1919年五四运动前后，马克思主义以其先进性、科学性和革命性吸引着中国的先进分子，而了解马克思主义的最好读物就是《共产党宣言》。梁启超、李大钊、张闻天、成舍我等都曾在他们的文章中摘录、引用过《共产党宣言》的片段；李汉俊、朱执信、胡汉民、戴季陶也在报刊上介绍过它的有关章节。为了能更系统地介绍和宣传马克思主义，陈独秀主张将此书的全文尽快用中文翻译出来，“这已是社会之急需，时代之召唤”。

此时，担任上海《星期评论》主编的戴季陶也在计划找人翻译《共产党宣言》，在《星期评论》上连载。《民国日报》主笔邵力子得知此事后，便向戴季陶举荐了具有马克思主义学识、精通日文和英文的陈望道。

1919年年底，陈望道回到故乡义乌分水塘村着手翻

上海共产党早期组织出版、由陈望道翻译的《共产党宣言》第一个中文全译本

译《共产党宣言》。时年29岁的陈望道根据陈独秀通过李大钊从北京大学图书馆借出的《共产党宣言》英译本和戴季陶提供的《共产党宣言》日译本（原著为德文本），字斟句酌、夜以继日地翻译，力求每一句话、每一个词，都要译得准确、妥帖。

1920年4月下旬，经过5个月奋战，这部后来使得中国社会天翻地覆的译作终于完成，陈望道带着稿件来到上海，请李汉俊校阅，再转请陈独秀审定，准备第二天在《星期评论》上连载。不料该刊却因"言论问题"遭到查封。

当时，陈独秀的《新青年》编辑部也刚迁到上海，应陈独秀之邀，陈望道参加了《新青年》的编辑工作。当时陈独秀、沈雁冰、李达、李汉俊、陈望道、邵力子经常在一起讨论马克思主义和建党问题，于是便组织了马克思主义研究会。

为了全面、系统地传播马克思主义理论，研究会希

事实真相

《中国共产党宣言》 1920年11月，中国共产党的上海发起组起草了供内部学习的《中国共产党宣言》（以下简称宣言）。《宣言》的内容包括“共产主义者的理想”“共产主义者的目的”“阶级斗争的最近状态”三部分。“共产主义者的理想”是无产阶级要建立一个没有经济剥削、没有政治压迫、没有阶级的共产主义社会。“共产主义者的目的”是要按照共产主义者的理想，创造一个新的社会。为了达到这个目的，要以阶级斗争的方式，用强力打倒资本家的国家，共产党的任务是要引导革命的无产阶级去向资本家斗争，并要从资本家手里获得政权，建立无产阶级专政。“阶级斗争的最近状态”表明，阶级斗争必然导致无产阶级专政；只有实行无产阶级专政，才能巩固无产阶级的胜利；而无产阶级专政的历史任务就是要继续消灭资本主义势力的残余，选出一条到达共产主义的道路。该《宣言》当时未对外发表，仅以此作为接收党员的标准，但它实际上起到了临时党纲的作用，为后来“一大”党纲的诞生奠定了基础。

望出版陈望道翻译的《共产党宣言》，但苦于无经费。恰在这时，共产国际代表维经斯基和杨明斋经李大钊介绍来上海与陈独秀联系并商谈中国建党问题。通过与陈独秀商议，维经斯基资助研究会在上海拉斐德路（今复兴中路）成裕里12号建立了名为“又新印刷所”的小印刷厂。

1920年8月，陈望道翻译的《共产党宣言》中文全译本作为《社会主义研究小丛书》第一种，以上海社会主义研究社的名义出版了，首印1 000册。

该书刚一问世，便引起强烈反响，几天内销售一空。一些想买该书的人还多方打听社会主义研究社的社址，因问的人多，不能一一答复。1920年9月30日，《民国日报·觉悟》撰文专门介绍：“这本书底内容，《新青年》《国民》《晨报》都零零碎碎译出过几条或几节的。凡研究《资本论》这个学说系统的人，不能不看《共产党宣言》，所以望道先生费了平常译书的五倍工夫，把彼全文译了出来，经陈独秀、李汉俊两先生校对。”

这本书对马克思主义的传播影响巨大。毛泽东在1936年时就曾对斯诺说过：“有三本书特别深刻地铭记在我心中，建立起我对马克思主义的信仰……这三本书是：《共产党宣言》，陈望道译，这是用中文出版的第一本马克思主义的书……”

《共产党宣言》中文全译本以及其后出版的恩格斯《科学的社会主义》、列宁《国家与革命》等著作的中文译本，有力地促进了马克思主义在中国的进一步传播，为中国共产党的建立奠定了理论基础。

5. 开设劳动补习学校

各地共产党早期组织成立后，除了有组织、有计划地研究和宣传马克思主义外，还不断开展工人运动，努力促进马克思主义与中国工人运动的结合。经过研究，北京的共产主义小组决定把长辛店的铁路工人作为革命活动的主要对象，深入到工人中去开展工作。

长辛店是京汉铁路北段的一个总站，距北京21千米，那里有一个3 000多名工人的铁路修车厂，五四运动前，在李大钊的领导下，北京大学的学生邓中夏等就经常组织平民教育讲演团到这里给当地工人做宣传。1920 年 12 月，北京的共产党早期组织派邓中夏、张太雷再次来到这里筹备劳动补习学校，并以此为工作据点，宣传马克思主义，培养工人运动的骨干，进而成立工会，发动工人运动。

1921 年 1 月 1 日，长辛店镇当铺口胡同的一个小小的三合院里，欢声笑语，热闹非凡——长辛店劳动补习学校开学了，这是中国最早创办的向工人传播马克思主义的学校。院门口没有校牌，就用一张白纸写着“劳动补习学校”6 个大字。学校分日夜两班，日班为工人子弟而设，夜班则专门接收工人学员。在这里学习的青年工人有 100 多人，学校的教员都是北京的共产主义早期组织以北大学生会的名义派去的组织成员，包括张国焘、邓中夏、罗章龙等，李大钊也亲自到补习学校授课。这些年轻的教员们，抛开大学学业，跑到长辛店，或朝去暮返，或一周住校一两天，有时挤在一间小房子里住，连点灯的油瓶都是从工人家里借来的。他们用自己省下来的几块钱伙食费，买茶叶、糖果，招待工人们来校谈心。他们还帮工人们写家信，甚至帮工人们排解家庭和其他各种纠纷，从而很快与普通工人打成了一片。

每天晚上吃完饭，工人们就纷纷来到学校。土坯讲台上一张桌子，桌子上点起一盏煤油灯，那点光亮，刚好让人能看得见黑板。教员们搓着冻得发僵的手，拿起粉笔，在黑板上写下“工人”两个大字，这就是一课书。讲课时，教员们先教识字，再讲道理，他们会讲：“‘工’字和‘人’字连在一起，就是‘天’字，工人顶天立地，所以工人最伟大。你们看看，铁道是谁修的？火车是谁开的？机器是谁造的？工人不盖房，谁也没得住；工人不织布，谁也甭穿衣。世界上谁也离不开工人，难道工人不伟大吗？”有个工人问：“工人伟大干吗还受穷？是命苦吗？”教员们回答：“不是命苦，是因为受了有钱人的剥削。工人盖了楼房有钱人住，织了绸缎有钱人穿。他们的钱，都是剥削穷人的。有钱人为什么能剥削呢？主要是他们有权势。工人要想不受穷，不受剥削，就得团结起来同他们斗。”

为了使工人明白团结起来才有力量的道理，教员们想出了各种办法来启发工人。

有的教员以卢沟桥的桥墩为例，那些桥墩不过是沙子和石子组成的，但它们本来是散的东西，经不住水冲，可一旦和洋灰掺在一块儿，还是那些沙子和石子，就能牢固地胶结在一起，撑住上千吨的桥梁。永定河水再大，水流再急，也冲不动它了。

有的教员拿出一张白纸，让工人用手指去捅。一捅，纸破了。再拿出三张纸，还叫工人用手指去捅，一捅，又破了。最后，拿出一大摞纸让工人用手指捅，工人把

长辛店劳动补习学校旧址

手指捅痛了，纸却一张没破。由此告诉工人：这就是团

历史掌故

劳工万岁

1920年5月1日，《新青年》杂志专门出版了“劳动节纪念号”，刊登了孙中山“天下为公”和蔡元培“劳工神圣”的题词，发表了李大钊介绍“五一”国际劳动节的来历和美、法等国工人纪念“五一”活动的《“五一”运动史》，号召中国工人把这一年的“五一”作为觉醒的日期。陈独秀在上海船务栈房工界联合会做了题为《劳苦者的觉悟》的演说，阐明了“劳动创造世界”，“做工的人最有用、最贵重”的观点。在陈独秀领导下，上海5 000余名工人召开了世界劳动纪念大会，提出8小时工作、8小时休息、8小时教育的“三八制”要求，并高呼“劳工万岁”“中华工界万岁”等口号，会后发表了《上海工人宣言》。李大钊领导了北京大学的“五一”纪念活动，北京大学学生在这一天宣布罢课，《北京大学学生周刊》出版了“劳动纪念号”。北京大学500多名职工、教师和学生举行了“五一”纪念大会，李大钊在会上发表讲演。由于这一年的“五一”纪念活动在各地共产主义知识分子的倡导和组织下开展得有声有色，中华人民共和国成立后，中央人民政府政务院遂于1949年12月将每年的5月1日定为法定劳动节。

结的力量、组织的力量。我们工人也一样，“五人团结赛老虎，十人团结如条龙，百人团结像泰山，谁也搬不动”。

北方的初春是寒冷的，但工人们听了教员们的讲解后，个个心里暖烘烘的。团结起来，组织团体，同剥削阶级斗——这些革命道理，工人们牢牢地记在了心里。

教员们课讲得生动形象，说的又都是大伙儿的心里话，上课的工人越来越多。夜校里，常常是书声琅琅，不时还传出悠扬的歌声：“如今世界不太平，重重压迫我劳工，一生一世做牛马，思想起来好苦情。北方吹来十月的风，惊醒了我们苦弟兄，无产阶级快起来，拿起铁锤去进攻。红旗一举手里明，铁锤一举山河动，只要我们团结紧啊，冲破乌云满天红！”

随着时间的推移，劳动补习学校团结、教育了越来越多的工人群众，培养出了北方铁路工人运动的第一批骨干。通过这些骨干，长辛店地区的工人又被进一步发动起来、团结起来，最终掀起了汹涌澎湃的工人运动高潮。上海的共产党早期组织机关报《共产党》月刊热烈地欢呼其“不愧乎北方劳动界的一颗明星”。

IV

第四章

中国共产党成立

1. 代表齐聚上海

中国共产党的早期组织相继成立后，以上海为中心的建党活动不断发展，各项实际工作也逐步展开，进一步促进了马克思主义同中国工人运动的结合。

革命的知识分子努力学习马克思主义，深入工人群众，参加实际斗争，思想上发生了深刻的变化，逐步锻炼成为无产阶级的先锋战士。与此同时，工人群众也开始逐步接受马克思主义，提高阶级觉悟，从而涌现出了一批有共产主义思想的先进分子。

中国共产党正式成立的条件已日臻成熟，召开全国代表大会，正式成立全国性的、集中统一的中国共产党，已经提到议事日程上来。

以列宁为首的共产国际，对中国革命和中国共产党的创建极为关切。受此影响，1921 年 6 月初，共产国际代表马林和共产国际远东书记处代表尼克尔斯基先后到达上海，与上海共产党早期组织成员李达、李汉俊建立了工作联系。根据此前各地共产党早期组织的酝酿和共产国际代表的建议，李达、李汉俊分别与在广州的陈独秀、北京的李大钊联系商议，确定在上海召开全国代表大会，正式成立中国共产党。于是，李达、李汉俊以上海发起组的名义，函约各地党的早期组织，通知他们各选派两名代表来上海，出席党的全国代表大会。

党的各地组织或党员接到上海的通知后，积极响应，纷纷派出各自的代表，齐聚当时的全国工业中心——上海。当时，党的活动处于秘密状态，各地组织都没有统一的规章和严格的组织手续，而且各地的政治环境和活动条件各有不同，所以，各地代表的产生方式并不一致，到达上海的时间也先后不同。

中国共产党第一次全国代表大会代表（从左至右依顺序标注）李达、李汉俊、张国焘、刘仁静

北京的共产党早期组织接到上海的通知后，马上在西城暑期补习学校开会，讨论出席代表人选问题。当时，李大钊因任北京大学图书馆主任兼北大教授、北京国立大专院校教职员代表联席会议主席等职，公务繁忙，不能亲自出席，于是推选张国焘和刘仁静为代表，并决定派张国焘于1921年5月提前到上海，与李达、李汉俊、张太雷及共产国际代表马林等人密切接触，了解情况、交换意见，同时参与党的一大党纲和政纲的起草工

中国共产党第一次全国代表大会代表（从左至右依顺序标注）王尽美、邓恩铭、陈公博、周佛海

中国共产党第一次全国代表大会代表（从左至右依顺序标注）毛泽东、何叔衡、董必武、陈潭秋

作。长沙的共产党早期组织代表选派的是毛泽东和何叔衡，由于当时湖南军阀的残暴统治，政治环境更为恶劣，人身安全没有保证，所以毛泽东和何叔衡接到通知后，没有告诉其他人，而是在极端秘密的情况下，于6月29日晚从长沙坐船北上，先到武汉，再转赴上海。武汉和济南的共产党早期组织也分别派出董必武、陈潭秋和王尽美、邓恩铭赶赴上海。广州的共产党早期组织接到上海的通知后，在党员谭植棠家中开会推选陈公博为代表

中国共产党第一次全国代表大会代表（从左至右依顺序标注）包惠僧、马林、尼克尔斯基

参会。正在广州任广东政府教育委员会委员长的陈独秀因正在筹款办学，不能与会，特指定包惠僧为代表参会。除国内的共产党早期组织选派的代表外，在日本的中国留学生也派代表周佛海趁放暑假期间，回国参加会议。

7月间，各地的代表纷纷来到上海。上海的共产党早期组织代表李达和李汉俊承担了会议的联络、筹备和会务工作。李汉俊从日本留学归来后就一直住在上海望志路106号的其兄李书城家，所以他就把这里当作了党的一大会场使用。而李达的夫人王会悟承担了为各地代表安排住处的任务。

王会悟在参加上海妇女界联谊会的活动中，结识了法租界博文女子学校校长，该校是一所私立女子学校，位于法租界内，环境清静且离开会地点不远。当时正值暑期，老师和学生都已离校，学校空闲了下来，于是王会悟就以北京大学师生暑期旅行团的名义，向该校租借了房间。出席党的一大的代表，除陈公博带着新婚妻子住在大东旅社外，其余9名外地代表均被安排在博文女校寄宿。

至7月23日，来自上海、北京、武汉、广州、长

沙、济南、日本的代表共计 13 人汇聚在上海，代表了全国 53 名党员，他们中年龄最长的 45 岁，最轻的 19 岁，

人物故事

“一大”会场上的洋面孔　在中国共产党第一次全国代表大会上，有两位外国人。“一大”代表张国焘曾在《我的回忆》中写道：“新近来了两位共产国际的代表，一位名叫尼克罗夫斯基（即尼克尔斯基），是助手的地位，不大说话，像是一个老实人；另外一位负主要责任的名叫马林，这个洋鬼子很骄傲，很难说话，作风与维金斯基（即维经斯基）迥然不同。”马林是荷兰人，是共产国际驻中国代表；尼克尔斯基是俄国人，为共产国际远东书记处代表。他们有着丰富的革命活动经验，当时是专程来帮助中国马克思主义者筹备和举行党的第一次代表大会。在党的第一次全国代表大会上，马林和尼克尔斯基介绍了共产国际的概况，并给代表们提出了很多有益的建议。特别是当 30 日晚上陌生人闯进会场时，马林当即建议会议停止，大家迅速离开，才使代表们躲过了法租界巡捕房的搜查。“一大”最后一天的会议被迫转移到浙江嘉兴时，马林和尼克尔斯基因是外国人，目标太大，为减少意外，他们并没有参加这次会议，但会议结束后，代表们依然按照马林的建议，把会议的决议及时报告给了共产国际。

平均 28 岁。参会代表此时都还是社会上不知名的“小人物”，但这些年轻人以改天换地的豪迈气概，一心要在中国这块古老的国土上创立一个崭新的、合理的社会。这个队伍在前进的过程中，也经历了分化和重新组合，有的一直参与革命并领导革命走向胜利，成为党的领导人，如毛泽东、董必武；有的在革命斗争中英勇牺牲，如陈潭秋、何叔衡、邓恩铭；有的中途脱党，如李达、李汉俊；有的成为党的叛徒，如张国焘、陈公博、周佛海。也正是在这样的大浪淘沙的过程中，中国共产党变得越来越坚强有力，一步一步走向胜利。

2. 召开中国共产党第一次全国代表大会

上海法租界望志路 106 号（今兴业路 76 号）是李书城和李汉俊的寓所，位于一条僻静的街道，是一栋砖木结构的两层楼房，典型的上海里弄石库门建筑。1921 年 7 月 23 日，在这间小楼里，中国共产党第一次全国代表大会秘密召开。

这天晚上，出席会议的上海共产党早期组织代表李达、李汉俊，北京共产党早期组织代表张国焘、刘仁静，长沙共产党早期组织代表毛泽东、何叔衡，武汉共产党早期组织代表董必武、陈潭秋，济南共产党早期组织代表王尽美、邓恩铭，广州共产党早期组织代表陈公博，旅日共产党早期组织代表周佛海，陈独秀特别指派的代表包惠僧等 13 人以及共产国际的代表马林和尼克尔斯基先后到达会场，围坐在一张长方形餐桌的四周。室内没有特别的布置，陈设简单，气氛庄重。

经过简单商议，代表们推举张国焘主持会议，毛泽东、周佛海任记录，李汉俊、刘仁静即席进行翻译，会议正式开始。

张国焘向大会报告了会议的筹备情况，说明了此次会议的重要意义，并提出大会应当具体讨论和解决的各种问题，首先是制定党的纲领和实际工作计划。马林和尼克尔斯基代表共产国际在会议上热情致辞，马林指出，中国共产党的成立，具有重大的世界意义。共产国际增添了一个东方支部，苏俄布尔什维克增添了一个东方战

上海法租界望志路 106 号，中国共产党第一次全国代表大会会址

友。马林分析了国际形势，介绍了共产国际的工作状况，指出中国共产党目前基本上是由知识分子组成的，建议要特别注意开展工人运动，建立工会组织，把工人中的积极分子吸收到党内来，他希望中国同志努力工作，接受共产国际的指导，为全世界无产者联合起来做出自己的贡献。尼克尔斯基也对中国共产党的成立表示祝贺，并介绍了赤色职工国际和共产国际远东局的情况。

7 月 24 日举行了第二次会议，各地代表向大会报告了本地区党团组织成立的经过，以及开展宣传马克思主义和组织工人运动等主要活动的情况，包括工作中的主要方法和经验。由于各地组织成立的时间都不长，工作只是初步展开，所以代表们的报告大多比较简短。

7月25日、26日，会议休会两天，由董必武、李达、张国焘等组成起草委员会，起草会议的各项文件。经过两天的紧张工作，起草完成了中国共产党的纲领和第一个决议。由于当时党处于秘密状况，后来又经过长期的革命斗争，这两份文件的中文原件未能保存下来，现在能看到的只有文件的俄文和英文译本。俄译本当时报送给共产国际，存于共产国际档案中，20世纪50年代由苏共中央移交中国。英译本是会议代表陈公博1924年在美国哥伦比亚大学写硕士论文《中国的共产主义运动》时，作为附录文献附在了他的论文后。这两种不同文字的译稿，经过两次翻译，在文字表达上已不可能保持原貌，但两版条文和内容保持一致，相互可以印证。

7月27至29日，大会又举行了3次会议，集中讨论了起草小组提出的会议文件草案，代表们各抒己见，在党的性质、纲领和组织原则等主要问题上取得了基本一致的意见，但也在个别问题上引起了争论，如党员能否在得到执行委员会许可后做官和做国会议员。对这个问题代表们辩论得很激烈，一方坚持以德国社会民主党为例，证明一旦党员加入国会就可能逐渐放弃自己的原则，成为资产阶级的一部分，变成叛徒；而另一方则认为要把公开的和秘密的工作结合起来，利用国会开展政治活动。由于双方谁都不能说服谁，只能将这个问题留

中国共产党第一次全国代表大会会场

到下次代表大会上去解决。

这三天的会议虽然讨论激烈，但成果也非常明显，

历史掌故

确定党的生日

中国共产党于1921年7月成立后，因很长一段时间内都没条件组织统一的活动进行纪念，同时由于当时在战争年代，档案资料难以寻找，因此具体开幕日期竟致无法查证。1938年5月，随着中国共产党日益壮大，尽快查清党的诞辰的具体日期以便纪念，就被提到日程上来了。这时在延安有两位一大代表——毛泽东和董必武，大家都希望他们能就这件事给个说法。毛泽东和董必武回忆了当时的情况，能确认是在7月，但无法确认是哪一天，两人反复商量后，决定就用7月的头一天作为纪念日。1938年5月26日，毛泽东在延安召开的抗日战争研究会上发表了著名的《论持久战》演讲，明确提出："今年七月一日，是中国共产党建立的十七周年纪念日。"1941年6月，中共中央发出的《关于中国共产党诞生二十周年抗战四周年纪念指示》中则指出："今年'七一'是中共产生的二十周年，'七七'是中国抗日战争的四周年，各抗日根据地应分别召集会议，采取各种办法，举行纪念，并在各种刊物出特刊或特辑。""七一"作为党的生日就这样被固定下来了。

代表们对会议文件基本上都予以认可。由于共产国际的代表们没有出席这几次讨论会，所以7月30日，大会准备召开第六次会议，邀请马林和尼克尔斯基出席并对会议讨论的各项问题发表意见，然后通过纲领和决议。谁知，一直召开得很顺利的大会却受到了法租界巡捕的骚扰，会议未能正常进行。

3. 转移一大会场

7月30日晚，正值中国共产党第一次全国代表大会第六次会议在李汉俊的寓所里紧张召开之际，一个陌生人突然闯进会场，四处张望了一下后，就辩称找错门而匆匆离去。这引起了富有秘密工作经验的共产国际代表马林的警觉，他建议会议中断，在场的人迅速撤离。果然，十几分钟后，法国巡捕便包围了这里并进行搜查。虽然最终没发现什么问题，但撤走后他们又在附近布下了暗哨。

会议最重要的通过纲领和决议的议程还没有完成，

浙江嘉兴南湖游船

但继续在这里开会已经不安全了，李达夫人王会悟建议将会议转移到她的家乡嘉兴南湖召开，那里环境幽静，游人不多，而且距离上海较近。于是第二天一早，与会代表们就来到上海北站，分两批坐车南行，转移至嘉兴，而马林和尼克尔斯基因为是外国人，过于引人注目，没有同行。中午时分，代表们来到嘉兴南湖湖畔，登上一艘事先租好的游船。这是一艘比较华丽的画舫，雕梁画栋，陈设考究，在宽平的船头上搭有凉棚，遮阳挡雨，便于观赏风景，后面是供游客休息的船舱。为了安全，代表们带着乐器和麻将牌，在船舱中摆上酒席，佯装成游人的模样，继续开会。王会悟则摇着折扇悠闲地坐在船头，望风放哨，见有可疑游船靠近，她就哼起嘉兴小调，用折扇敲击船板，代表们闻声会意，连忙装作打麻将的样子。就是在这艘游船上，就是在这种紧张气氛下，中国共产党第一次全国代表大会得以胜利闭幕。

最后一天的会议首先讨论通过了中国共产党的纲领、决议以及《中国共产党成立宣言》，确定党的名称为“中国共产党”，规定党的纲领是：革命军队必须与无产阶级一起推翻资本家阶级的政权；承认无产阶级专政，直到阶级斗争结束，即直到消灭社会的阶级区分；消灭资本家私有制，没收机器、土地、厂房和半成品等生产资料，归社会公有；联合共产国际。纲领明确提出要把工人、农民和士兵组织起来，并把实现社会主义、共产主义作为自己的奋斗目标。

会议还选举产生了党的中央领导机构，由陈独秀、张国焘、李达组成中央局，陈独秀担任书记。这标志着中国共产党就此正式成立。

中国共产党的成立大会，是在反动统治的白色恐怖下秘密举行的。除了大会会场一度遭到帝国主义暗探和

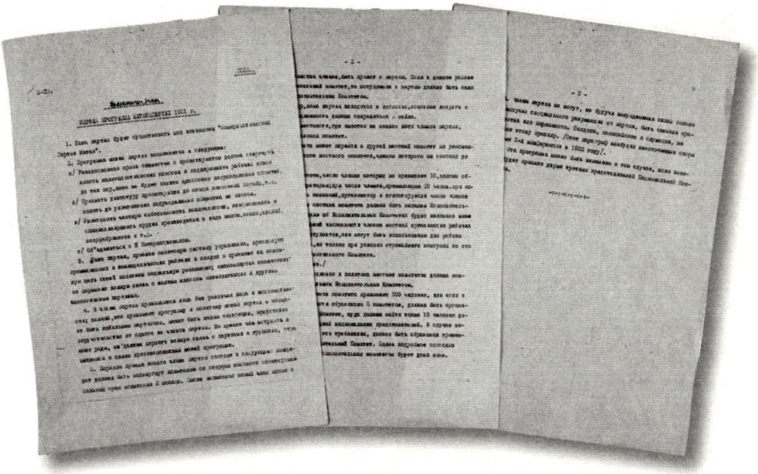

1921 年 7 月，中国共产党第一次全国代表大会通过的党纲（俄文稿）

巡捕的骚扰外，在社会上并没有引起多大注意。但是，就在这里，就在这时，一个新的革命火种已经在沉沉黑夜的中国大地上被点燃了起来，中国革命的航船已经拔锚启航，中国历史上开天辟地的大事变已经开始酝酿！

中国共产党的成立，标志着中国有了一个把马克思主义作为行动指南，把实现社会主义和共产主义作为奋斗目标，把无产阶级严格的组织性和纪律性作为行动规范的无产阶级的革命政党。中国共产党的成立，给灾难深重的中国人民带来了光明和希望，指明了中国人民前进的方向和斗争道路。虽然初始阶段，它的力量还很弱小，但它坚定地以领导中国民主革命和社会主义革命、争取民族的独立和人民的解放为己任，从而也就不难成为中国人民普遍信赖的组织者和领导者，成为中国革命的坚强的领导核心。中国革命的面貌也必将随之焕然一新。

4. 最高纲领与最低纲领

中国共产党成立后，首先明确了开展工人运动和宣传马克思主义两大任务。之后的斗争实践，扩大了中国共产党的政治影响，也检验了中国共产党第一次全国代表大会决议，反过来又逐步加深了中国共产党对中国社会状况和中国革命基本问题的认识。

与此同时，国际国内形势也发生了很大变化。巴黎和会建立的凡尔赛体系没能消除列强之间的各种矛盾，特别是美、英两大列强对日本帝国主义势力在中国和亚太地区的恶性膨胀，感到极度不安。

美国凭借经济实力和在亚太地区的相对优势，于1921年11月12日至1922年2月6日，组织英国、日

历史掌故

党的“一大”纲领的两个版本

一大召开时，中国共产党还处在秘密阶段，开会期间又经历了密探搜查、会议被迫转移等情况，因此党的一大纲领和工作计划的草案原件及经过会议形成的中文原稿俱已遗失，没能保存下来。直到1957年，苏共中央把原中共驻共产国际代表团的档案移交给中共中央时，人们才意外地从中发现了“一大”的档案，其中就有俄文版的《中国共产党第一个纲领》，这份文件后经“一大”代表董必武鉴别，认为比较可靠。1960年，美国学者韦慕庭在哥伦比亚大学图书馆里发现了“一大”代表陈公博的硕士论文《共产主义运动在中国》，论文后面的附录文献中有英文版《中国共产党第一个纲领》。经对照，英文版和俄文版内容基本相同，均为15条，第11条的序号和内容皆空缺，其余条文要点基本相同，仅文字稍有出入，可以相互印证。

本、法国、意大利、荷兰、比利时、葡萄牙和中国等国代表召开华盛顿会议，并签署《九国关于中国事件应适用各原则及政策的条约》(简称《九国公约》)，把“门户开放”“机会均等”作为帝国主义列强共同侵略中国的基本原则。

1922年7月，中国共产党第二次全国代表大会在上海召开，图为党的二大会址

会后，各国都极力扩大在华势力范围，从经济、政治上加强对中国的掠夺和控制。而受其影响，国内军阀之间也先后爆发了直皖战争和第一次直奉战争，内争迭起，战乱绵延。

斗争实践和国内外形势的剧烈变动，使中国共产党人逐渐认识到，帝国主义的经济侵略，使外国资本控制了中国大部分近代工业，各地的罢工斗争和工人运动都不可避免地会与帝国主义发生冲突，而帝国主义总是与中国的专制统治者勾结在一起，破坏和镇压工人群众的斗争。

所以，中国人民当前迫切需要的，并不是立即进行社会主义革命——如果不首先反对帝国主义侵略，不反对封建军阀的统治，国家就不能独立，人民就不能解放，也就谈不到实现社会主义、共产主义的理想。这种从实践中产生的认识，使中国共产党人确立了正确的奋斗目标，并及时调整了斗争策略。

1922 年 7 月 16 至 23 日，中国共产党第二次全国代表大会在上海召开。出席大会的有陈独秀、张国焘、李

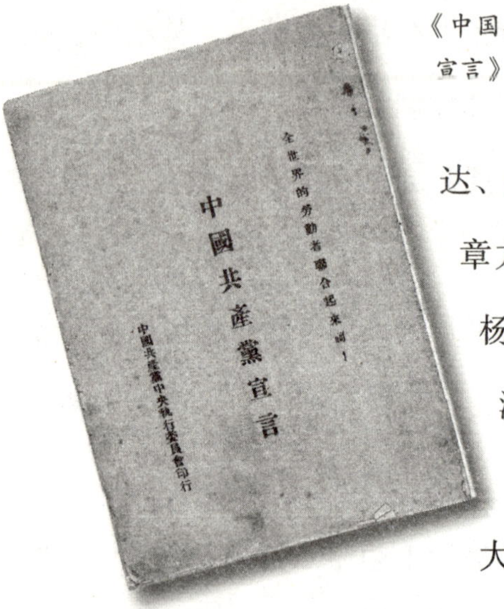

《中国共产党第二次全国代表大会宣言》

达、高君宇、王尽美、罗章龙、蔡和森、谭平山、杨明斋、许白昊、李震瀛、施存统共 12 人，代表全党 195 名党员。大会推举陈独秀、张国焘、蔡和森组成起草委员会，负责起草《中国共产党第二次全国代表大会宣言》和其他决议。

《中国共产党第二次全国代表大会宣言》分析了资本主义、帝国主义列强侵略中国和中国社会演变为半殖民地半封建社会的历史，指出：“各种事实证明，加给中国人民（无论是资产阶级、工人或农人）最大痛苦的是资本帝国主义和军阀官僚的封建势力，因此反对那两种势力的民主主义的革命运动是极有意义的：即因民主主义革命成功，便可得到独立和比较的自由。”

为此，在目前的历史条件下，中国共产党的奋斗目标是：消除内乱，打倒军阀，建设国内和平；推翻国际帝国主义的压迫，达到中华民族完全独立；统一中国为真正的民主共和国。这实际上制定出了党在现阶段反帝反封建的民主革命纲领，即党的最低纲领。

同时宣言又指出，党的目的是要“组织无产阶级，用阶级斗争的手段，建立劳农专政的政治，铲除私有财产制度，渐次达到一个共产主义的社会”。这表明党的二大宣言坚持了党的一大纲领所规定的党的最终奋斗目标，即党的最高纲领。

党的二大宣言第一次将党在民主革命中要实现的目标同将来进行社会主义革命要实现的长远目标结合起来，不仅明确提出了反对帝国主义、反对封建主义的民主革命任务，并指出要通过民主革命进一步创造条件，实现社会主义和共产主义。

这是中国共产党人对中国国情和中国革命问题认识的一次深化，是党把马克思主义基本原理同中国革命实际相结合的一个重要成果。

V

第五章

中国革命新面貌

1. 香港海员大罢工

中国共产党成立后，从中央到地方的各级组织都积极投身于工人运动中，工人阶级的觉悟得到迅速提升，工人运动开始出现蓬勃兴起的局面。从 1922 年 1 月到 1923 年 2 月，掀起了中国工人运动的第一个高潮。在持续 13 个月的时间里，全国共发生大小罢工 100 余次，参与人数达到了 30 万以上。这次工人运动高潮的起点，就是著名的香港海员大罢工。

鸦片战争后，香港沦为英国殖民地。英国殖民者利用香港深水港的优势，大力发展海运业，雇佣了大量中国海员，他们长期遭受殖民统治和种族歧视，工资微薄。中国海员与白人海员做着同样的工作，工资待遇却不及白人海员的1/5，并随时受到无故开除的威胁。他们过着异常艰辛的生活，心中积压着对英国殖民者的怒火。同时，由于他们航行于欧美各国以及国内港口，受到当时如火如荼的西方资本主义国家工人运动和国内工人运动的影响，阶级觉悟不断提高，反抗的积极性也不断高涨。

在这些海员中，有一批先进分子如苏兆征、林伟民等人，他们积极宣传和组织，于1921年3月6日在香港成立了中国海员第一个真正的工会组织——中华海员工业联合总会。海员工会经过准备，于9月代表中国海员正式向资本家提出了增加工资等要求，但遭到拒绝。11月，各轮船上的外籍海员增加了15%的工资，海员工会向资方再一次提出了给中国海员增加工资的

1921年3月，中华海员工业联合总会在香港成立，图为中华海员工业联合总会徽章

要求，仍被无理拒绝，中国海员大为愤慨。

1922 年 1 月 12 日上午，海员工会第三次提出增加工资的要求，并限令 24 小时内给予圆满答复，否则就举行罢工。对此最后通牒，资本家仍然置若罔闻。这种骄横跋扈的态度，令海员们忍无可忍，于是，轰轰烈烈的香港海员大罢工爆发了。

1 月 12 日下午，海员工会领导人苏兆征所在的德忌利士轮船公司的“海康”轮首先宣布罢工。接着，所有从香港开往广州、江门、梧州等地的内河轮船，以及从外埠开到香港的英、美、法、日、荷等国的海洋轮船上的中国海员，都相继离船而罢工。罢工浪潮很快波及新加坡、泰国，以及内地的上海、汕头等口岸，有的船一经靠岸，随即罢工。

宣布罢工的当天晚上，港英当局华民政务司署理夏理德便赶往海员工会进行压制。他威胁海员们说：“本港政府是不允许这种罢工行动的。你们如有要求可交本大人，替你们斟酌办理。你们罢工，不怕饿肚子吗？”苏兆征、林伟民等当即挺身而出，严词驳斥说：“我们提条件已经3次了，而且都通知了政府，政府何以早不出来说话？现在我们已经罢工了，要复工除非完全承认我们的条件。我们饿肚子是我们自己的事情，政府不必担心。”话音刚落，海员们立即报以热烈的掌声和欢呼声。夏理德灰溜溜地离开了海员工会。

海员们众志成城，仅仅1周，参加罢工的轮船已有

历史掌故

中华海员工业联合总会

1917年，列宁领导的俄国革命取得胜利后，世界革命形势日益高涨，香港海员来往于世界各国港口，首先受到革命潮流的影响。他们纷纷表示：“中国也应当这样干一下子。”不久，海员中的积极分子苏兆征、林伟民等人开始着手组织海员工会。1921年3月6日，由孙中山先生亲笔题写会名的中华海员工业联合总会（简称海员总会），在苏兆征、林伟民等人的不懈努力下，冲破重重阴霾，率先在英国殖民统治下的香港召开大会，正式宣告成立，同时在广东沿海各港口城市以及上海等地则相继建立起支会或分会。中华海员工业联合总会的出现是近代中国工人阶级崛起的重要象征，联合总会成立第二年，就发动和领导了震惊中外的香港海员大罢工。

123 艘，人数达 6 500 人。2 月 1 日，港英当局在威胁海员工人复工遭到拒绝之后，下令封闭海员工会，这激起了香港工人的更大愤慨。3 月 1 日，香港全体工人阶级举行了总同盟罢工，参加罢工人数达到 10 万多人，罢工浪潮席卷整个香港。5 条太平洋航线和 9 条近海航线因罢工陷于瘫痪。交通运输的中断，又使香港出现了生产停顿、商店关闭、日用食品日益匮乏、物价暴涨、市民

1922 年 1—3 月，香港海员为反抗英国资本家的压迫和剥削举行罢工，并取得了胜利，图为罢工工人欢庆斗争胜利的场面

大量抢购等现象，香港一时成了“死港”。

港英当局及英国资本家惊恐万状，随即对香港海员大罢工采取了高压、恐吓、欺骗、调停、利诱、分化等手段，进行破坏。3月4日，又调集大批武装军警，前往离香港6 000米的九龙附近的沙田地区向罢工工人扫射，造成6人死亡、数百人受伤的沙田惨案。帝国主义的暴行激起了全国工人阶级的愤怒，他们纷纷声援香港海员的正义斗争。在中国劳动组合书记部、广东革命政府和全国工人的支持下，香港海员罢工坚持了56天之久，最终迫使港英当局于3月8日接受了罢工海员提出的恢复海员工会原状、增加工资15%到30%、抚恤死难工人家属等要求。

喜讯传来，工人们在香港和广州两地举行了庆祝大会，当港英当局的代表把海员工会的招牌重新挂起时，10余万工人把周边街道围得水泄不通，“工人万岁”的欢呼声响彻整个香港岛。

香港海员大罢工的胜利，有力打击了帝国主义的气焰，极大地鼓舞了中国工人阶级，推动了工人运动的发展，揭开了中国第一次工人运动高潮的序幕。

2. 安源路矿大罢工

安源路矿是江西萍乡的安源煤矿和由湖南株洲到江西萍乡安源的株萍铁路的合称。该企业是德国、日本资本控制的汉冶萍公司的一部分，共有工人 1.7 万人。工人们深受帝国主义和封建主义的残酷剥削和压迫，劳动条件很差，生活非常困苦。

1921 年秋，中共湖南支部书记毛泽东背着一把雨伞，来到安源进行调查。毛泽东当时的公开身份是湖南第一师范学校教员、一师附小主事（相当于校长）。利用这一身份，他以走亲访友、参观访问、推广平民教育的名义，来到了安源。

萍乡安源煤矿总平巷甲段段长毛紫云是湖南湘潭人，曾和毛泽东的父亲一起在长沙做过生意。毛泽东住在这个同乡家，并在他的帮助下，亲自到矿井中体验了一番。

毛泽东和领路的工人一起，在狭小阴暗的矿道中时

油画《毛泽东和安源矿工》，侯一民 1976 年作

走时爬，终于来到了矿工最多、环境最差、危险最高的采煤工作面上。这里的矿工一个个赤身裸体，瘦骨嶙峋，浑身乌黑，他们弯腰曲背，紧贴着煤壁挖煤。毛泽东走到他们身边，和蔼可亲地与他们闲话家常，了解工人们的疾苦。

毛泽东对工人们说："我们中国工人这么苦，世界上少有，得想个办法才是！"有的工人兴奋地问："有办法吗？"毛泽东坚定地说："有办法，这办法，一不靠神仙，二不靠皇帝，要靠我们自己救自己！"就这样，毛泽东

1922 年 9 月，深受帝国主义和封建主义残酷剥削和压迫的安源路矿工人举行大罢工，并取得完全胜利，图为领导罢工的安源路矿工人俱乐部筹委会成员合影，前排右五为李立三

多次到安源进工棚、下矿井，宣传革命思想，启发工人觉悟，发掘、培养了不少积极分子。

1921 年冬，中共湘区委员会又先后派李立三等人到安源开办工人补习学校，并在工人中建立了党团组织和工人俱乐部，为罢工斗争做了思想和组织准备。罢工前夕，党组织又派刘少奇到安源加强领导。

经过周密计划和充分准备后，俱乐部在 1922 年 9 月

14日零时向全体工人发出了罢工命令。14日上午，俱乐部发表《萍乡安源路矿工人罢工宣言》，提出了保障工人权利、增加工资、改善待遇、发清欠饷、废除封建把头制等17项要求。罢工爆发后，迅速得到了全国各地工会的声援和社会舆论的支持。

14日2时，路局火车房工人按规定部署，率先罢工，停开当日首列火车，并拉响汽笛，发出罢工信号。3时，矿局工人截断了矿井电线，使电车停顿，井下工人马上获知罢工已经开始，立即像潮水一般涌出矿井，高呼“罢工！罢工！”的口号。

这时，总平巷井口工人监守员也将写有“罢工”二字的大白旗竖于井口上方，并用木料将井口堵住，仅留一出口让井下工人出班，不准任何人下井。本应在4时进班的工人，接到罢工命令后，一律留在餐宿处，不再上班，也不外出。随后，路局各工作处和各车站，矿局的洗煤台、炼焦处、修理厂等地面各工作处，以及紫家冲分矿，均相继罢工。

14日中午前，除锅炉房、发电机、打风机和抽水机按原定计划照常开工或部分开工外，路矿两局1.3万余名工人全面加入了大罢工队伍。

罢工一开始，路矿当局即以每人每天2块大洋的高额报酬，请赣西镇守使署派请军队占驻工人俱乐部机关，强迫工人开工。当军队到达俱乐部机关时，已有数千工人闻讯赶到，他们一面冒死冲进俱乐部，一面向士兵宣传，将军队劝离，使路矿当局武力镇压工人罢工的伎俩流产。

矿局一计不成，又生一计，他们命总平巷总监工王鸿卿出面，串通少数与工头职员有亲谊关系的工人，许以不做工照常给工资，借此破坏罢工，甚至悬赏600大洋，雇武术高手密谋刺杀李立三。

工人们得知情况后，一方面公开宣言："若俱乐部主任被害，当使路矿两局全体职员不得生离安源。"一方面采取严密措施保护俱乐部领导人，使路矿当局的谋杀手段也未能得逞。

在采取种种手段镇压和破坏罢工的同时，路矿当局又提出"先开工后磋商条件"，企图引诱俱乐部下令复工，同时使用"拖"字诀，企图使罢工工人在饿困、疲惫中瓦解和就范。这些狡猾计谋，也一次又一次被齐心协力的工人们粉碎。

9月16日上午，路矿当局和戒严司令以请工人代表去“商量解决办法”为名，邀约刘少奇去戒严司令部，武力胁迫刘少奇下令复工，刘少奇断然拒绝，并严词驳斥。各处工人闻讯，纷纷赶来保护刘少奇。数千工人将戒严司令部所在的矿局公事房团团围住，喧声如雷，高喊:“请俱乐部代表出来，有事请矿长、旅长到俱乐部去商量！”“谁敢动刘代表半根毫毛，我们就要打得路矿两局片甲不留，让路矿两局全体职员不得生离安源！”路矿当局见状，才没敢加害刘少奇。

这一武力胁迫复工的企图被粉碎后，路矿当局终于被迫派出全权代表与俱乐部谈判。9月17日下午4时，路矿两局全权代表与俱乐部全权代表李立三开始谈判，地方商绅代表出席调停。经过激烈争辩、谈判，直到18日凌晨2时，双方才签订了“草约”十三条。18日上午，路矿当局最终接受了工人提出的17项条件，罢工以工人阶级的全面胜利而结束。

俱乐部在发表的《上工宣言》中表示:“从前是‘工人牛马’，现在是‘工人万岁’！我们的第一步目的已经达到。”这次罢工是中国共产党首次独立领导并取得了完全胜利的工人斗争，它不仅提高了党组织在工人群众中的威信，扩大了党的影响，也为党的建设与发展积蓄了力量。

3. 海陆丰农民运动

中国共产党从创建伊始，就开始关注着占中国人口绝大多数的农民。党的一大结束后，党领导的农民运动就开始在浙江萧山、广东海陆丰和湖南衡山等地区兴起。特别是广东海陆丰农民运动，它是中共建党初期领导的范围最广、影响最大的一次农民运动，领导人正是被毛泽东誉为“农运大王”的彭湃。

1896年，彭湃出生于海丰县有名的大地主家庭，家里有“鸦飞不过的田产”“被统辖的农民男女老幼不下千五百人”。当时海丰县是广东社会矛盾尖锐之地，官绅横行不法，鱼肉百姓。

自小生活在这里的彭湃，目睹了国家贫穷落后，地主和农民之间巨大的两极分化，以救国救民、变革社会为己任的他，最终背叛了自己的家庭。为寻求真理，他东渡日本求学，在李大钊、陈独秀等人求学过的早稻田大学，就读政治经济科，并在那里接触到马克思主义。1921 年 5 月，彭湃从早稻田大学毕业归国后，在广州加入了社会主义青年团，创办了社会主义研究社和劳动者同情会。

1922 年，彭湃回到家乡，被任命为海丰县教育局局长，由于他锐意整顿教育，并不断宣传马克思主义，结果被罢官。丢官后的彭湃，把目光转向了广阔的农村，下决心到农村去做实际运动。

初到农村，彭湃穿着一身考究的衣服，乡下人都以为他是来收租讨账的，纷纷躲着他。后来，他换上农装，戴上竹笠，光着脚板走到田间地头考察农民生活，并学习用通俗的语言与农民交谈，才得到农民的认同。他随即向农民阶级宣传马克思社会主义学说。

彭湃坚定地认为，半殖民地背景下的中国国民革命的根本问题，就是农民问题；中国的国民革命运动，首先应该是一个伟大的农民解放运动。

1922年7月29日晚上，彭湃与另外5位农民在海丰县赤山约（约，相当于今天的乡镇一级建制）组成了全国第一个农民协会——赤山约六人农会。彭湃将理想投入实践的第一步，就是先把自己由有产者变成了无产者。与家中兄弟分完家产后，彭湃把自己分得的田契亲自送给了佃户们。佃户不敢要，他就将田契全部当众烧毁，并宣布："日后自耕自食，不必再交租谷。"

彭湃烧田契的行动，在视土地为命根子的农民眼里显得惊天动地，事情得以迅速传遍海陆丰大地，赤山约农会则乘机扩展，会员迅速达到500余人。

10月25日，赤山约农会在龙山天后庙召开了成立大会。随后，彭湃又辗转奔波于海丰县的其他乡村，号召农民组织起来，成立农会。

彭湃领导农会，始终从农民最直接的经济利益入手，他带领农民联合起来要求减租减息，抵抗苛捐杂税。他为农民办免费教育，教农民记账、打算盘，让农民不受

历史掌故

衙前农民运动

1921 年夏，出身大地主家庭的中国共产党早期党员、浙江萧山县衙前村人沈定一，回到家乡，领导农民运动。在他的大力宣传和组织下，衙前村成立了衙前农民协会，开始了与地主奸商的斗争。受此影响，短短两个月时间内，萧山、绍兴、上虞三县方圆 150 千米内，就有 82 个村建立了农民协会，会员超过 10 万人。但当年年末，反动当局派出全副武装的官兵逮捕并杀害了李成虎等农协主要领导人，衙前农民运动惨遭镇压。这次农民运动作为中国共产党成立后领导的第一次有组织、有纲领的农民运动，揭开了中国现代农民革命斗争的序幕，显示了农民群众潜在的伟大力量，因而具有深远的意义。

地主的骗。农会还在县城办了一所农民医药房，农民凭农会会员证看病，不收诊费，药费折半，中国农民几千年来第一次享受到了看病不用钱的待遇。农会还研究改良农业发展生产的办法，帮农民去跟地主、官府打官司，调和争端、解决纠纷，扶贫济困、救济孤老等。农民通过参加农会，在政治、经济、文化和个人生活方面都直接受惠。

因此，到1922年年底，短短5个月时间，海丰县已有12个约、98个乡建立了农会，会员发展到2万户，自然人口近10万人，约占全县总人口的1/4。

1923年元旦，“图农民生活之改造、图农业之发展、图农民之自治、图农民教育之普及”的海丰总农会宣告成立，会议选举彭湃为海丰总农会会长。此后，彭湃又先后到陆丰、惠阳两县从事农民运动，由于有海丰农民运动的声势和经验，陆丰、惠阳两县的农会得到迅速发展，到1923年，海丰、陆丰、惠阳3县共有70多个约、1 500多个乡建立了农会，会员达到20多万人。

农会发展壮大，农民运动兴起，必然引起地主阶级的仇视和反扑。他们勾结当地反动政府对农会进行镇压，农会在斗争中几遭挫折，骨干被捕，组织被迫解散，转入秘密活动，彭湃也不得不离开海丰。但海陆丰农民运动为后来更大规模的农民运动埋下了革命火种，提供了宝贵的实战经验。

4. 京汉铁路大罢工

京汉铁路是1896年清政府筹款兴建的铁路干线，1906年4月建成通车。它北起北京前门，纵贯直隶（今河北）、河南、湖北3省，南至汉口玉带门，全长1 214.5千米，是连接华北和华中的交通命脉，有着重要的经济、政治和军事意义。

辛亥革命以后，京汉铁路路权一直由北洋军阀政府中的交通系所控制。直奉战争后，军阀吴佩孚控制了京汉铁路路权，京汉铁路运营收入成了吴佩孚的军饷的主要来源之一。

在中国共产党领导的第一次工人运动高潮中，铁路工人是一支主要力量，在铁路工人中成立产业联合组织，是当时中国共产党制订的阶段性工作计划。由于京汉铁路沿线工会的工作基础较好，到1922年年底，在中共中央的领导和中国劳动组合书记部的直接帮助下，京汉铁路沿线的长辛店、郑州、江岸等16个车站工人都成立了工会，广大工人迫切要求建立全路统一的工会组织。

在这种形势下，京汉铁路总工会筹备会决定，于1923年2月1日在郑州召开京汉铁路总工会成立大会。出席大会的有京汉铁路各工会分会的代表，以及其他铁路、冶炼工会的代表、学生代表和新闻界人士等约300人。中国共产党对此次大会非常重视，派出了张国焘、陈潭秋、罗章龙、包惠僧、林育南等人参会并相机开展工人运动。

然而，由于工人运动高涨不利于军阀统治，所以曾经通电全国“保护劳工”的军阀吴佩孚，此时悍然下令军方“制止开会”，试图阻挠和破坏大会召开。

2月1日上午，郑州全城戒严，军警荷枪实弹。但各路工人代表和来宾不顾生死，冲破军警的重重包围，进入了会场——郑州普乐园剧场，宣布京汉铁路总工会成立。正当与会者情绪高昂，高呼“京汉铁路总工会万岁”“劳动阶级胜利万岁”等口号时，郑州警察局局长黄殿臣带人闯入会场，阻挠大会继续进行，并包围了代表们的住所。

当天晚上，中国共产党和总工会负责人联合召开了秘密会议，号召京汉铁路全线工人举行罢工，“为自由作战，为人权作战，只有前进，绝无后退”。2月4日，京汉铁路全线2万多工人成功举行了总同盟罢工，长达1 200多千米的京汉铁路顿时瘫痪。

1923年3月，北京工人周刊社编辑出版的《京汉工人流血记》

京汉铁路工人大罢工爆发，引发了列强的恐慌，各帝国主义国家驻北京公使团立即召开紧急会议，直接出面进行干涉和破坏。吴佩孚在帝国主义势力的支持下，于2月7日，纠集2万多军警对京汉铁路工人进行了血腥镇压。在江岸，工人纠察团副团长曾玉良等36人，被全副武装的军警杀害；在长辛店，机车厂铆工、工人纠察队副队长葛树贵等6人被打死；在郑州车站，郑州铁路工会委员长高斌惨遭酷刑而牺牲。

京汉铁路总工会江岸分会委员长、共产党员林祥谦被捕后，军警将他绑在江岸车站的电线杆上，威逼他马上下令复工。林祥谦对军警怒目而视，一言不发。军警恼羞成怒，命令刽子手砍击林祥谦的肩头，殷红的鲜血

1923 年 2 月，京汉铁路总工会成立，并实行总同盟罢工，图为京汉铁路总工会成立时的合影

迅速沾满了他全身，林祥谦依然宁死不屈。他忍住剧痛，坚定地说：“上工要总工会下命令，我的头可断，工是不上的。”刽子手最终将林祥谦当场杀害。

京汉铁路总工会和湖北省工团联合会法律顾问、为工人利益而斗争的共产党员施洋大律师，在郑州参加总工会成立大会后，于2月15日凌晨被吴佩孚的爪牙萧耀

南秘密杀害于武昌洪山脚下。

“二七惨案”中，壮烈牺牲者有 52 人，被捕入狱者有 40 余人，另有 300 余人受伤，1 000 多人被开除，不少工人家属也遭到军警的迫害与洗劫。

京汉铁路工人大罢工是中国共产党领导的第一次工人运动高潮的顶点，它进一步彰显了中国工人阶级的力量，扩大了中国共产党在全国人民中的影响。但是面对反动军阀势力与帝国主义的联手镇压，手无寸铁、单枪匹马的工人们付出了鲜血和生命。斗争的失败，唤醒了中国人民，使他们更明确地认识到帝国主义和封建军阀是中国各族人民不共戴天的敌人。工人阶级只有联合全国人民一道进行斗争，并把斗争进行到底，才能取得最终的胜利。